행복한 부자가
되는 마음의 자세

SHIAWASENA OKANEO HIKIYOSERU 44NOSHINRIGAKU LESSON by Midori Masuda
Copyright © Midori Masuda, 2021
All rights reserved.
Original Japanese edition published by Pal Publishing
Korean translation copyright © 2024 by UniPular-Books
This Korean edition was published by arrangement with Pal Publishing, Tokyo, through Office
Sakai and Korea Copyright Center Inc. (KCC)

이 책은 ㈜한국저작권센터(KCC)를 통한 저작권자와의 독점계약으로 유니플라북스에서 출간되었습니다.
저작권법에 의해 한국 내에서 보호를 받는 저작물이므로 무단 전재와 복제를 금합니다.

행복한 부자가 되는 마음의 자세

마스다 미도리 지음
문주현 옮김
최우성 감수

유니플라북스

| 프롤로그 |

자신을 아끼고 사랑한다면, 인생은 풍요롭게 된다.

지금처럼 살아도 충분할까?
이대로라면 수입은 갈수록 줄어들 뿐인데 도대체 무엇을 어떻게 하면 좋을까?

혹시 지금 이런 고민을 하고 있다면 이 책은 반드시 도움이 될 것입니다.
왜냐하면, 마음가짐만으로도 인생은 풍요롭게 될 수 있기 때문입니다.
자신의 마음을 소중히 하고 스스로를 아끼고 사랑한다면, 진정한 자아를 회복하여 자기 인생의 주인공으로 살아갈 수 있게 됩니다.

직장에서의 인간관계 고민은 사라지고 새로운 꿈을 발견하여 도전하게 되며 풍요로운 미래가 기다리고 있습니다.

'나 같은 건 아무것도 할 수 없어'하고 걱정하는 사람도 전혀 문제가 안됩니다.

이 책에서 소개하는 '흔들림 없는 진정한 자신감을 갖게 해주는 심리 트레이닝'은 과학적 근거에 기반을 두어 어느 누구도 실현성이 높은 방법입니다.

'내가 무엇을 좋아하는지 전혀 모르겠어'하는 분들도 어느 사이엔가 본인이 좋아하는 직업을 찾게 되어 돈을 벌게 된 사례도 많이 있습니다. 직장에서의 인간관계가 좋아져 중요한 일을 맡게 된 사람도 있으며, 가족간에 놓여 있던 높고 두터운 벽도 어느 사이에 사라져 가족생활 자체가 너무나 즐거워진 사람도 있습니다. 모두 심리 트레이닝을 매일매일 일상에 받아들여 실현한 분들입니다.

예를 들어, 정신력이 약하고 결점투성이라 할지라도, 이루고 싶은 꿈을 꾸고 그 꿈을 이룰 수 있는 돈을 벌 수가 있습니다.

남편에게 매번 생활비를 받기 때문에 지출에 항상 부담을 느끼는 아내도 '내 의지대로 자유롭게 사용할 수 있는 돈'을 벌 수 있게 됩니다. 그것은 지금까지와 같이 남편이 벌어다 준 돈일 수도 있지만, 당신이 새롭게 만들어낸 돈일 수도 있습니다. 어느 쪽이든 간에 자유롭게 사용하는 행복한 돈입니다.

행복한 돈을 벌기 위한 마음, 신체, 그리고 뇌의 사용법에 대해서 이야기하고 싶습니다.

저는 14년간 라이프스타일 코치로 '나답게 사는 여성'을 서포트하면서, '명상'과 '자연 속에 살기'를 즐기고 있습니다.

2020년 12월에 고향인 '효고현 니시노미야시(오사카와 고베 사이 도시)'에서 '미야자키현 미야자키시(최남단 태평양 인접 도시)'로 이사하여 '자연과 함께 산다'는 꿈을 이뤘습니다. 이 다음 이주의 꿈도 계획하고 있습니다만, 그것은 본문에서 다시 이야기하겠습니다.

제 사회생활은 전문대학 졸업 후, 백화점 보석을 방문 판매하는 일로 시작하였습니다. 말 그대로, 매장이 아닌 고객의 집으로 방문해서 보석을 판매하는 영업직이었습니다. 무엇이든 가장 잘하지 않으면 직성이 풀리지 않는 성격 때문인지 사내 톱 세일러가 되어 20대 중반에 월수입 1,000만원을 달성하였습니다.

지금 생각해 보면, 요즘 흔히 이야기하는 '파는 게 아니라 팔리는 방법'으로 자연스럽게 영업을 했던 거 같습니다. 이천만 원짜리 목걸이는 팔려고 하지 않아도 손님으로부터 '하나 주세요' 하는 식으로 말이죠. 상품 이야기를 하는 게 아니라, 고객의 이야기를 잘 듣고 진심을 다해서 고객의 마음에 다가가는 형태로 제안을 했었습니다.

 30대에 개인사업을 시작하여, 수평 남짓한 옷가게에서 다점포 미용실로 단계를 상승시켰습니다. 오사카 최대 번화가인 우메다와 신사이바시에 3개의 점포를 차리고 연 매출 20억 원, 종업원 60명의 비즈니스로 성장했습니다.
 그 결과, 어떤 일이 벌어졌냐 하면, 행복의 절정과는 정반대로 불행의 밑바닥까지 떨어져 버렸습니다. 제 마음과 신체는 어느 사이엔가 비명을 지르기 시작했고 너덜너덜해져 버렸습니다. 수억 원을 벌고 있었지만 인생에서 최악이라고 할 정도의 상황에 직면해 버렸습니다.

 왜 그랬을까요?
 그것은 제가 자신의 마음을 소홀히 다루었기 때문입니다.
 저는 모든 걸 포기한다는 심정으로 일단 제 마음 깊은 곳의 자신과 철저하게 마주보면서 심리학, NLP(신경언어프로그램)등을 공부했습니다. 그렇게 해서 도착한 결론은 '사업을 모두 접자!'였습니다.
 2005년부터 5년에 걸쳐 미용실 3개를 폐점시키고 심리 비즈니스로 사업을 전환하였습니다. 폐점을 결정했을 때에는 부모님과 남편, 시부모로부터 맹렬한 반대를 받아서 사면초가의 상태였습니다.

'머리가 이상하게 된 거 아니니?'라는 말까지 들었습니다. 그렇지만, 저는 미용실을 접는 것에 어떤 주저함도 없었고, 종업원들의 다음 직장까지 정해주면서 조금씩 축소시켜 결국 5년 만에 폐점하게 되었습니다. 지극히 전향적인 폐점이었기 때문에 저 자신에게는 스트레스는커녕, 너덜너덜해졌던 심신을 회복하여 심리 비즈니스로 행복한 돈을 벌 수 있게 되었습니다.

인간은 돈만을 쫓아서는 불행해집니다.
행복한 돈을 벌고 싶다. 그렇게 하기 위해서는 우선 자신을 아끼고 사랑하여 본래의 자신을 되찾는 일이 가장 중요합니다. 이 책을 선택해 주신 분들이 본인다운 삶을 추구하는 한 발을 내딛는데 조금이나마 도움이 된다면 좋겠습니다.

마스다 미도리

| 추천의 글 |

최우성(이천 다산고 교장)

행복한 돈, 행복한 삶
당신의 꿈을 현실로 만드는 자애심과 싱크로니시티!
당신은 행복을 원하십니까?

얼마전, 옮긴이인 문주현 저자에게 연락이 왔다. 일본에서 의미있는 베스트셀러인 저서를 번역 출판하고자 한다고 하면서, 내게 원고를 검토해달라고 부탁을 하였다. 그 동안, 여러권의 책을 출판한 경험이 있는 나는 기꺼이 읽겠다고 하고 하루 날을 잡고 쭈욱 읽어보았다. 일본인 여성 작가가 실제 본인이 경험한 이야기를 사례로 들어 쉽고 알차게 설명하는 형식이라 편하게 읽었고 감명을 주었다.

한마디로, '돈만 있다고 행복해지는 것은 아니지만, 행복해지기 위해서는 원하는 만큼의 돈은 반드시 필요하다'라는 명제였다.

이 책은 다음과 같은 것을 알려주었으며,
 - 과학적으로 증명된 명상과 자애심을 기르는 방법
 - 목표 설정을 통해 '싱크로니시티'를 이용하는 방법
 - 진정한 행복을 찾는 방법
 - 행복한 돈을 버는 방법 등

이 책을 통해 다음과 같은 것을 얻을 수 있었다.
 - 우울증 극복
 - 성공적인 비즈니스 창업
 - 향상된 인간관계
 - 진정한 자신을 찾음
 - 행복한 라이프스타일 등

 이 책은 독자 여러분의 꿈을 현실로 만들 수 있는 강력한 도구이다. '행복한 부자가 되는 마음의 자세'를 느껴보고, 행복한 부자가 되길 바란다.

| 차례 |

프롤로그 / 5
추천의 글 / 10

제1장 돈을 많이 벌어도 마음은 가난하다 / 15

    01. 수십억 수입에도 불구하고 우울증을 겪고 난 뒤에 얻은 깨달음 / 17
    02. 뇌와 마음을 피폐하게 만드는 현대사회 / 21
    03. 마음의 풍요함을 결정하는 '셀프 토킹' / 25
    04. 인생을 풍요롭게 만들어 주는 '셀프 토킹 매니지먼트' / 29

칼럼 _ 행복한 부자들이 공통적으로 갖고 있는 5가지 파워 / 33

제2장 돈을 벌어들이기 위한 '제로 리셋' / 37

    05. 돈을 벌기 위해서 가장 먼저 할 일은 '아무것도 하지 않기' / 39
    06. 전세계 엘리트들이 빠짐없이 실천하는 뇌와 마음의 휴식법 / 43
    07. 1회 단 3분! 풍요함의 문이 열리는 '호흡'의 비밀 / 47
    08. 행복한 부자가 되는 '식사명상' / 51
    09. 걸으면 걸을수록 풍요롭게 되는 '걷기명상' / 55
    10. 돈을 벌어들이는 '침실명상' / 59
    11. 본능을 간직한 채로 자연과 함께하고 싶다 / 63
    12. 명상으로 일의 능률이 좋아진다 / 67
    13. 명상 고민 베스트 3 대처법 '무(無)가 되지 못한다.
        시간이 없다. 좋아지지 않는다' / 71

칼럼 _ '진정한 자신감'을 키우는 힘 / 75

제3장 돈의 심리학 레슨 '자신을 아끼고 사랑하기' / 79

    14. 모든 풍요함과 연결되는 진정한 자신감을 갖는 방법
       - 자애심 기르기 / 81
    15. 자애심과 자존심의 차이 / 85
    16. 모든 인간관계가 좋아지는 단 한 가지 법칙 / 89
    17. 자기분석 도구를 사용한다 / 93
    18. 피해자와 가해자는 같이 있는 것을 좋아한다 / 97
    19. 자기 자신의 삶을 살 것인가? 희생자로 살 것인가? / 101
    20. 자기와 타인 사이에 경계선을 만들자 / 105
    21. 자신을 따뜻하게 대하는 방법 / 109
    22. 돈을 불러들이는 '진정한 자신감' / 113

칼럼 _ '자애심 기르기' 체험담 / 117

제4장 돈의 심리학 레슨 '싱크로니시티'를 일으키자 / 121

    23. '싱크로니시티'란? / 123
    24. '싱크로니시티'가 일어나는 첫 번째 조건 '올바른 인지' / 127
    25. '싱크로니시티'가 일어나는 두 번째 조건 '적절한 목표 설정' / 131
    26. '반드시 달성하는' 목표 설정 4가지 법칙 / 134
    27. 목표 달성 전에 왜 주저 않는가? / 139
    28. 풍요로움의 잠재능력을 끌어내는 '엄청난 목표' 설정 방법 / 143
    29. 목표 달성을 방해하는 '드림킬러' 대처 방법 / 147
    30. 성공하는 사람은 '시간의 마법'을 사용하여 풍요롭게 된다 / 151
    31. 본능을 내편으로 만드는 '행복한 부자'가 살아가는 방식 / 155
    32. 행복한 '싱크로'가 연속해서 일어나는 '감정의 마법사'가 되는 방법 / 159

칼럼 _ 행복 체험담 1 / 163

제5장 돈의 심리학 레슨 '풍요로운 인간관계를 만들자' / 165

33. 당신의 마음이 당신의 세상을 만든다 / 167
34. 모든 것을 받아들이기 / 171
35. '용서'는 자신을 지키고, 풍요롭게 만들기 위한 행복의 메소드 / 175
36. '용서하기' 훈련 / 179
37. 감사와 이타심 / 183
38. 친절함의 전염이 불러온 '최고의 풍요로움' / 187
39. '자신을 아끼고 사랑하면
    인생 전체가 풍요롭게 되는 7스텝' 정리 / 191

칼럼 _ 행복 체험담 2 / 195

제6장 행복한 돈을 불러들여서 풍요롭게 살아가기 / 197

40. 행복한 돈을 버는 방법, 행복한 돈을 쓰는 방법 / 199
41. 비즈니스로 행복한 돈을 버는 방법 / 203
42. 새로운 가치를 창조하여 풍요롭게 되는
    '게슈타르트 능력'에 대하여 / 207
43. 오늘까지의 나에게 '안녕. 그 동안 고마웠어' / 211
44. 당신의 행복은 무엇입니까? / 215

칼럼 _ 행복 체험담 3 / 219

에필로그 / 220

제1장

돈을 많이 벌어도 마음은 가난하다

01

수십억 수입에도 불구하고
우울증을 겪고 난 뒤에
얻은 깨달음

'돈의 망자(亡者)'라는 병

이 세상에는 '비즈니스'라는 이름을 붙이고 돈을 버는 방법이 수도 없이 많이 있습니다. '최첨단 비즈니스 방법'이나 '즐겁게 돈을 모으는 방법'이 항상 등장하고, 조금 붐이 일었다 하면 어느 사이엔가 사라지고 또 다른 방법이 나오는 사이클이 언제나 반복되고 있습니다.

색다르게 돈을 버는 방법이 나올 때마다 많은 사람들이 모두 그 정보에 달려들고, 휘둘리다가 실패도 하게 됩니다. 예를 들어 최근에 유행하는 '가상통화'도 마찬가지입니다. 투자에 대한 기초지식이 전혀 없는 상태로 '10억 부자'라는 키워드에 끌려서 있는 돈 없는 돈 전부 투자하여 결국 큰 부채를 떠 안았다는 이야기를 정말 자주 듣게 됩니다.

저도 '돈'을 쫓았던 사람 중 하나입니다. 특히, 젊었을 때에는 '부자가 되면 행복해질 거야'라는 생각이 강해서 32살에 창업했을 때 목표는 '돈을 가능한 많이 버는 것'이었습니다. 회사를 설립하고 1년 후에는 연 매출 10억, 2년 후에는 20억 원으로 제가 상상했던 것보다 훨씬 빠른 스피드로 목표를 계속해서 달성했습니다. 큰 부자 정도는 아니었지만 30대 중반이었던 저는 상당한 돈을 벌어서 '너무너무 행복해!'야 했지만, 현실은 정반대로 흘러가서 제가 전혀 예상하지 못했던 불행이 저를 기다리고 있었습니다.

돈만 있는 가난한 생활? 돈은 있지만 가난한 생활?

'큰 돈을 벌겠다'는 목표를 달성했을 당시의 제 생활은, 제 인생 '불행 베스트 2위'였습니다. 참고로 가장 불행했던 일이 뭐였냐 하면, 제가 10살 때에 성범죄를 당했던 일입니다. 분수에 맞지 않는 큰돈을 손에 넣은 것은 유소년기의 트라우마에 필적하는 강렬한 데미지를 저에게 주었습니다.

32세에 패션샵을 시작하여 반년 만에 1억5천만 원을 벌고, 그로부터 3년 뒤에 회사를 설립했습니다. 당시에는 패션샵에서 가발도 판매했습니다. 그 당시에는 모발연장에 대한 수요가 있었고, 그렇게 시작한 가발 판매가 대박이 났습니다.
이어서, 모발연장과 퍼머를 동시에 할 수 있는 서비스를 위해서 미용실 경영에 뛰어들었습니다. 단기간에 얼마나 많은 매출을 올릴 수 있을까 하고 작정하며 오픈한 3개의 미용살롱은 스텝 60명, 1년에 15,000명이 방문하는 인기매장이 되어 파죽지세로 매출을 늘려갔습니다.

하지만, 이에 반비례하듯이 제 마음은 순식간에 피폐해져만 갔습니다. 돈이 아무리 많아도 물 한 모금 제대로 마실 시간도 없이 접객, 스텝 근무관리, 광고와 마케팅 관리, 거기다 경영까지.
갑자기 종업원이 한번에 늘어난 매장은 항상 트러블이 끊이지 않았고, 집에 돌아와도 마음 편히 쉬었던 적이 단 한번도 없었습니다. 당시에 사귀고 있었던 지금의 남편과도 싸움만 했었고 몸 상태는 완전히 망가져서 극심한 편두통에 시달리는 매일의 연속이 되었습니다.

"일반적인 사람보다 엄청난 돈을 벌고 있는데 왜 매일 이렇게 힘들고 불행할까?" 답을 찾지 못한 상태로 줄곧 앞만 보고 달려간 결과, 저는 결국 중등도의 '우울증' 판정을 받았습니다. 매장에 가지 못하는 날이 많아지면서, 1인 사장이었던 제가 부재하게 되니 결국 매장 매출은 급강하를 하게 되었습니다.

"모든 게 끝장났다."
이런 상황이 되고 나서야 처음으로 저는 '큰 돈을 벌겠다'는 목표를 세웠던 제 생각이 완전히 틀렸었다는 것을 깨닫게 되었습니다. '돈 만으로는 절대로 행복하게 될 수 없구나' '행복을 느낄 수 있는 마음이 있어야 비로소 진정한 행복을 손에 넣을 수 있구나'하고 실감하였습니다.

창업으로부터 5년 만에 배운 제 첫 번째 인생수업.
그것은 '마음을 소홀히 하면 가난해진다'는 세상의 격언을 깨닫게 된 것입니다.

02

뇌와 마음을
피폐하게 만드는
현대사회

자기의 마음을 소홀하게 다루면, 당연한 일이지만 마음은 너덜너덜해지고 일은 물론 사생활까지 모두 제대로 돌아가지 않습니다. 매일이 바쁘게 돌아가고 과다한 정보로 넘쳐나는 현대사회에서는 마음이 피곤해도 스스로는 그것을 알지 못하는 사람들이 대부분입니다. '왠지 피곤해 죽겠어' '의욕만 있고 몸이 움직이지 않아.' 실제로는 뇌와 마음이 피곤에 찌들었기 때문일 수 있습니다.

마음을 피폐하게 만드는 2가지 이유

현대인의 뇌와 마음이 피곤에 찌든 것에는 2가지 큰 이유가 있습니다.
하나는 비즈니스나 자녀 교육 등 생활의 모든 장면에서 '멀티태스킹(다중 작업)'을 요구하는 시대가 되었다는 것과 다른 하나는 정보가 지나치게 과다하다는 것입니다.

첫 번째 '멀티태스킹'은 동시에 2가지 이상의 일을 진행하는 것입니다.
예를 들어, 회사에서는 기획서를 만들다가 고객 대응을 하고 다시 기획서로 돌아갑니다. 집에 돌아가면 식사준비를 하면서 자녀와 대화도 하고 다른 집안일도 해야 합니다. 이와 같이 모든 사람들이 '멀티태스킹'으로 움직이는 것이 당연하게 되었습니다.
노트북과 스마트폰으로 일도 하고 동시에 메일체크도 하고 회사 연락사항 관리에, 밖에 있는 자녀들 상태도 어디에 있는지 파악할 수 있게 된 세상입니다.

세상이 편리하게 된 반면에 한 가지 일에 차분하게 시간을 들여서 몰두하는 것은 허락되지 않으며, 어떻게든 효율성 좋게 복수의 일들을 해내는 것이 중요하게 여겨집니다. 뇌와 마음은 항상 풀 가동 상태로 한시도 쉴 틈 없이 피곤에 쩌드는 것은 당연한 일입니다.

뇌와 마음이 피곤해지는 두 번째 이유는 정보과다의 온라인 사회에서 뇌가 처리하는 정보량이 급증했다는 것입니다. 이에 따라서, '마음의 피로'라는 피해가 일어나게 됩니다.

뇌와 마음이 방황하고 있다

'멀티태스킹'에 더해 인류역사상 유래를 찾아보기 힘든 웅대한 정보를 처리하고 있는 우리들의 뇌와 마음은 상상 이상으로 피로에 쩌든 상태입니다.

눈 앞의 작업을 하면서 그것과는 별개의 것을 신경 쓰는 상태를 심리학 용어로 '마인드 원더링(mind wondering)'이라고 합니다. '마인드 원더링'은 뇌와 마음이 여기저기 '방황하고 있는 상태'를 말합니다. 놀라운 것은 뇌가 '마인드 원더링'에 사용하는 시간은 하루 중에 약 50%에 달한다는 것입니다.

'마인드 원더링'은 '과거'나 '미래'에 막대한 에너지를 소비하여,

'지금 이 순간'에 필요한 에너지가 부족하게 됩니다. 예를 들어, 회사에서 내일 발표 할 자료를 준비 하면서 카톡으로 지인들과 이야기를 하거나, 오늘 저녁으로 뭘 먹을지 찾아보는 것처럼 말이죠. 이런 식으로는 질 좋은 프리젠테이션 자료를 만들지도 못하고 완성까지는 상당한 시간이 필요하게 되겠지요.

목적 없는 '마인드 원더링'의 움직임이 많아지면 필요 없는 사고에 과도한 에너지를 뺏기게 되어 뇌는 극도로 피곤한 상태에 빠지고 예전의 저처럼 우울증 상태까지 되는 경우가 있습니다.
도대체, 어떻게 하면 목적 없이 마음이 헤매지 않고 눈 앞에 있는 중요한 일에 집중할 수 있을까요?
그것은 '아무것도 하지 않는 시간을 갖는 것' 입니다.
"뭐라고? 이렇게 바쁜데 아무것도 하지 않는다고?" 라고 생각하셨죠?
방황하는 마음을 한 곳으로 집중시키기 위해서는 아무것도 하지 않고 우선 뇌를 쉬게 해 주는 것입니다.
뇌의 휴식이 우울함을 느끼지 않고 행복함을 느끼면서 풍요롭게 살기 위한 첫 번째 기초입니다.

03

마음의 풍요함을
결정하는 '셀프 토킹'

우리들은 머리 속에서 항상 다양한 말들을 떠올립니다. 이러한 '셀프 토킹'은 하루에 약 6만회나 이어진다고 합니다.

셀프 이미지는 셀프 토킹에 의해 만들어집니다.

예를 들어, '나는 대단해. 천재야!'라는 셀프 토킹이 있다면, 셀프 이미지도 자연스럽게 '나는 천재!'가 됩니다.

머리 속은 온통 부정적인 생각(네거티브)

하지만, 유감스럽게도 현실에서 셀프 토킹의 대부분은 부정적인 내용입니다.

왜냐하면, 위험을 먼저 감지하여 자신을 지키려고 하는 것이 우리들의 본능이며, 부정적인 것들에 의식이 가는 것이 자연스러운 일이기 때문입니다.

과거에 혼났던 일이나, 창피를 당했던 일들은 머리 속에 언어로 남아서 그것이 셀프 이미지로 고정되어 버리는 일들이 흔히 있습니다.

예를 들어, "너는 정말 머리가 나쁜 아이구나." 하고 과거에 혼났던 적이 있다면 머리 속에서는 계속 그 말이 남아서 '나는 머리가 나쁜 사람'이라는 셀프 이미지가 심어지게 됩니다.

그렇다면, 어떻게 부정적인 셀프 토킹을 긍정적인 셀프 토킹으로 바꿀 수 있을까요?. 그것은 아주 간단합니다.

우선은, 평상시 본인의 셀프 토킹을 항상 주시하는 것입니다.

부정적인 셀프 토킹을 발견한다면 그걸 있는 그대로 받아들이고, 그런 이후에 '어떤 자신이 되고 싶은가?'를 생각하고 새로운 셀프 토킹으로 바꿉니다. 본인이 되고 싶은 이미지를 언어화해서 바꾸면 끝입니다.

실패했을 때에는 '어떻게 했으면 좋았을까?'하고 생각하고서, 언어를 바꾸는 것이 중요합니다. 또한, 셀프 토킹은 자신의 셀프 이미지 뿐만 아니라 본인이 부모님이라면 아이의 셀프 이미지까지도 만듭니다.
"도대체 몇 번을 말해도 모르겠니?" 라는 부모님의 말은, '몇 번을 말해도 못 알아듣는 나'라는 셀프 이미지를 아이에게 심어주게 됩니다.
따라서, 실패했을 때에는 '어떻게 했으면 좋았을까?'하고 자문해 보세요.

셀프 이미지를 비약적으로 향상시키는 방법

셀프 이미지를 비약적으로 향상시키고 싶다면, 셀프 토킹을 바꾸는 것이 당연하지만, 그 이외에도 지금 당신의 환경을 과감히 바꾸는 것도 추천합니다.
환경을 바꾸면 자신을 보는 타인의 시선에도 변화가 일어납니다.
예를 들어, 저는 최근에 하마마츠에서 미야자키로 이사를 했습니다. 미야자키에는 지인이라고는 남편 이외 한 명도 없었습니다. 지역사회의 인간관계를 제로 베이스에서 다시 구축하는 것입니다. 이럴 때가 바로 찬스입니다.

내가 어떤 형태로 살고 싶은지, 존재하고 싶은지를 자유롭게 선택할 수 있습니다. 당신이 희망하는 셀프 이미지는 어떤 이미지입니까? 이미 그러한 삶을 살고 있는 사람을 주변에서 찾아보십시오. 그리고 그 사람은 매일매일 어떤 언어를 사용하고 어떤 셀프 토킹을 하고 있는지를 상상하고, 그러한 셀프 토킹을 매일 사용해 보십시오.

좋은 셀프 이미지를 만들기 위하여

뇌와 마음이 방황하는 '마인드 원더링', 지속적으로 부정적인 말을 자신에게 건네는 셀프 토킹, 두 가지 모두 뇌의 처리능력을 최대치로 사용하고 있기 때문에 뇌도 마음도 피곤에 찌들어 버립니다.

셀프 토킹의 내용이 자신이 원하지 않는 이미지라고 한다면 언어를 바꿔 보십시오. 그렇게 하지 않는다면, 원하지 않는 이미지를 가진 자신과 계속해서 마주치게 됩니다.

의식적으로 언어를 바꾸면 좋은 셀프 이미지를 갖게 될 수 있습니다.

04

인생을 풍요롭게
만들어 주는
'셀프 토킹 매니지먼트'

당신이 무엇을 좋아하고 어떤 것을 즐거워하는지 스스로를 잘 알고 있습니까? 만약, 잘 모르겠다고 한다면 당신의 셀프 토킹은 무의식적으로 다음과 같이 수많은 네거티브를 끊임없이 반복하고 확장하고 있을지도 모릅니다.

- 과거 힘들었던 일을 수없이 되새긴다.
- 본인과 타인을 비판한다.
- 걱정거리를 끊임없이 생각한다.

어떻습니까? 당신의 뇌가 이러한 상태라면 셀프 토크를 관리할 필요가 있습니다.
셀프 토크가 비판적이면 본인이 정말로 하고 싶은 것들은 나올 수가 없습니다.
왜냐하면, '이게 좋아', '이걸 하고 싶어'라는 생각이 들어도, 부정적인 셀프 토크에 바로 부정당하기 때문입니다. 마음속에서 원하는 것이 있어도 몇 번이고 계속 부정당하면 어떻게 될까요? 그렇습니다. 당연하게도 진짜로 원하는 것들은 이제 더 이상 나오지 못하게 됩니다.

셀프 토크 매니지니먼트 실천법

제 1단계는 셀프 토크를 의식하고, 있는 그대로를 받아들이는 것입니다. 그 다음에는 셀프 토크 내용을 긍정적인 단어로 바꾸는 것입니다.

1. 의식하기

'호흡'은 보통 무의식적으로 합니다만, "4초 들이쉬고 6초 동안 내쉬세요" 하는 식으로 의식하면 조절이 가능합니다. 이와 마찬가지로 무의식적으로 하게 되는 셀프 토크를 의식하면 조절이 가능하게 됩니다.

2. 있는 그대로 받아들이기

'실패했다. 나는 최악이야'라는 셀프 토크를 의식했다면, 좋고 나쁨을 판단하지 말고 단지 "실패했다. 나는 최악이야'라는 셀프 토크를 지금 내가 하고 있구나." 하고 인식합니다. 좋고 나쁨을 판단하지 않는 것이 중요한 포인트입니다.

3. 체크하기

'이 셀프 토크는 어떤 셀프 이미지를 만들까?'를 상상합니다. '실패했다. 나는 최악이야'라는 셀프 토크는 '최악인 나'라는 셀프 이미지를 만든다고 느꼈다면, 이것을 긍정적인 셀프 토크로 바꿉니다.

다른 한편으로 만약 '나는 대단해. 나는 천재야'라는 좋은 셀프 이미지가 생겼다면 그것은 그대로 남겨 두시면 됩니다.

4. 긍정적인 것으로 변환하기

'실패했다. 나는 최악이야'라는 말을 어떤 단어로 바꾸면 좋을까? 하고 생각합니다. '실패했지만 잘 극복해서 한 단계 성장하는 나'처럼 말이죠.

5. 마법의 단어

아무리 해도 이렇다 할 셀프 토크나 긍정적인 내용이 떠오르지 않는 경우에는 제가 마법의 단어처럼 사용하고 있는 셀프 토크를 여러분도 꼭 사용해 보십시오.

그 단어는 바로 '나 답지 않아'입니다. '실패했다. 나 답지 않았다. 다음에는 어떻게 하면 좋을까?' 이런 느낌으로 마지막에는 질문형태로 끝내는 것도 좋습니다. 그렇게 하면 머리 속에서 저절로 적당한 단어들을 찾아 줄 것입니다.

자신이 원하고 좋아하는 단어들은 당신의 의식을 바꾸고 행동을 바꿉니다. 자신을 응원하는 단어는 당신의 셀프 이미지를 반드시 좋게 만들어 줍니다.

행복한 부자들이 공통적으로 갖고 있는 5가지 파워

여기에서는 심리학 관점에서 본 '행복한 부자들이 공통적으로 갖고 있는 5가지 파워'에 대해서 이야기해보겠습니다. 기업 경영자나 부자들과 여러 가지 경험을 나누면서 그 분들에게는 공통된 힘이 있다는 것을 알게 되었습니다.

1. 자신의 약점을 재능으로 바꾸는 힘
첫 번째는 '자신의 결점이나 약한 부분을 능력이나 재능으로 바꾸는 힘'입니다. 저는 행복한 부자의 조건으로 이 힘이 가장 중요하다고 생각합니다.
약점을 재능으로 바꿀 수 있는 사람은 커다란 실패를 했더라도 스스로를 응원하고 계속 위로합니다. 그렇기 때문에 어떤 일이 있어도 그 상황을 이겨내고 앞으로 나아갈 수 있게 되는 것입니다.
이러한 모습을 지켜본 주변의 사람들도 '이 사람이라면 반드시 성공할거야'라고 느끼게 되어 더욱더 사람이나 돈이 모여들게 됩니다.

2. 돈보다 꿈을 쫓는 힘

두 번째는, 돈에 대한 가치관과 생각입니다.

단지 '돈을 벌고 싶다'라는 생각만으로는 돈이 들어오지 않습니다. 또한, 돈을 많이 벌겠다는 목표만이라면 목표를 달성했다고 해도 '돈은 벌었는데 전혀 행복하지 않아'라는 예전의 저와 같은 상태가 되어 버릴 것입니다.

행복한 부자들에게 돈의 위치는 어디까지나 '꿈을 이루는 수단의 하나'입니다. "고생하면서 키워 주신 어머님을 편하게 해 드리고 싶어", "맛있는 빵을 만들어서 모두를 행복하게 하고 싶어" 등 눈 앞의 돈을 넘어서, 마음속 깊은 곳에서부터 달성하고 싶은 꿈을 갖고 있습니다. 돈을 위한 돈이 아니라 꿈과 의지를 이루기 위한 돈입니다. 돈을 초월한 '꿈을 이루기 위한 힘'인 것입니다.

3. 왜? 라는 호기심으로부터 시작되는 행동력

행복한 부자들은 어린아이처럼 '이건 뭐지?', '왜 이렇게 되지?' 등 호기심이 왕성합니다. 알고 싶어하는 욕구가 넘쳐 흘러 압도적인 행동력을 갖게 됩니다. 항상 새로운 정보를 수집하고 발신합니다. 변화를 두려워하지 않기 때문에 흥미를 느끼는 일들에 계속해서 도전하고 새로운 체험을 쌓아 갑니다. 도중에 일이 잘 안되더라도 그런 트러블조차도 즐거워하고 다음 스텝으로 행동하면서 목표를 달성해 갑니다.

4. 돈은 버는 방법보다 '쓰는 방법'

행복한 부자들은 '돈을 늘어나게 하는, 돈 쓰는 방법'을 잘 알고 있습니다. 즉, 돈을 버는 것보다도 '정확하게 사용하는 방법'을 숙지하고 있는 것입니다. 필요하다면 큰 돈도 과감하게 사용하는 일도 종종 있습니다.

'돈은 정확하게 사용하면 반드시 나에게 돌아온다'라고 생각합니다. 돈은 돈 그 자체의 가치도 있지만 다른 한편으로 '꿈을 이루는 도구의 하나'라는 넓은 시야로 보는 관점도 갖고 있습니다.

5. 커뮤니티 형성력

행복한 부자들은 유익한 네트워크, 즉 커뮤니티를 형성합니다.

유익한 정보를 주는 '멘토'들과 연계하기 위한 커뮤니티나, 서로 지지하고 위로해 줄 수 있는 동료들과의 커뮤니티입니다. 항상 새로운 정보에 둘러싸여 있고 인색하지 않으며 서로에게 유익한 정보를 동료들과 나누면서 더욱 풍요롭게 됩니다.

제 2장

돈을 벌어들이기 위한 '제로 리셋'

05

돈을 벌기 위해서
가장 먼저 할 일은
'아무것도 하지 않기'

'부자가 되기 위해서는 열심히 일 하지 않으면 안 된다'라고 생각하시는 분들이 많습니다. 돈을 벌고 있다고 해도, 번 돈을 사용할 시간이 없어서 항상 바쁜 하루 하루를 보냅니다. 이른바, '먹고 살기 바쁜 상태'입니다.

 이렇게 된다면 진정한 의미로 풍요롭고 행복한 인생이라고는 할 수 없죠.

 설령 돈과 시간 양쪽에 여유가 있다고 해도 힘든 인간관계로 인해 마음이 항상 피곤해 있다면 이 역시 행복하다고는 할 수 없습니다.

 앞에서 말씀드린 것처럼, 행복한 돈을 벌기 위해서는 먼저 '뇌에 휴식을 주는 것'이 가장 중요합니다. 뇌는 방치해 놓으면 무의식적으로 과거와 미래 사이에서 방황하면서 과도한 에너지를 소비하기 때문입니다. 그렇게 된다면 뇌는 '지금 이 순간'에 주의를 기울일 수 없기 때문에 바로 눈 앞에 찬스가 있어도 알아 차릴 수 없게 됩니다.

 그렇다면, 어떻게 해야 '지금 이 순간'에 주의를 기울일 수 있을까요?

 이 책을 읽는 모든 분들에게 가장 추천하고 싶은 방법은 바로 '명상'입니다.

 우울증으로 일을 할 수 없게 된 저는 필사적으로 수 많은 심리학과 코칭학을 공부했습니다. "어떻게 하면 원래의 나 자신을 찾을 수 있을까?" "내 마음을 풍요롭게 해주는 것은 무엇일까?"가 일단 너무 알고 싶었습니다.

제 스스로 경험하고 결과가 나온 뒤에, 약 만 명이 넘는 클라이언트들에게 실천하고 가장 간단하면서도 즐겁고 효과가 있었던 방법을 골라서 독자적인 프로그램을 개발하였습니다. 그 가장 기본이 되는 것이 바로 '명상'과 '코칭(과학적 근거에 기반한 뇌와 마음 사용방법)'입니다.

명상이라고 하면 '영적인 것?', '이상한 것 아냐?'라고 생각하시는 분들이 많습니다. 확실히 제가 명상을 시작한 15년 전에는 '뭔가 잘 알 수 없는 이상한 것'과 같은 느낌이었습니다. 최근에는 종교적인 개념이나 영적인 측면을 배제한 '마인드 풀니스(Mind-Fulness)명상'이 미국에서 크게 유행하면서 명상의 이미지가 완전히 달라지고 있습니다. '마인드 풀니스 명상'이란 '지금 이 순간에 의식을 집중하는 힘'을 기르는 트레이닝 방법입니다. 학술적인 자료도 상당수 나와서 미국에서는 구글, 마이크로소프트, 페이스북, 일본에서는 도요타, 야후 같은 대기업에서 '마인드 풀니스 명상'을 사원연수에 도입하고 있습니다. 어린이 행복지수 세계 1위인 네덜란드에서 '마인드 풀니스 명상'을 학교 교육에 포함시킨 것도 유명합니다.

명상은 뇌의 트레이닝입니다. 명상이라고 하면 '무(無)가 되지 않으면 안 된다', '머리 속을 텅 비워야 한다'라고 생각하는 사람들이 많지만, 그렇게 하지 않아도 괜찮습니다.

수 많은 명상 중에, 이 책에서는 하루 3분부터 시작하는 명상 4가지를 소개 드리고자 합니다. 우선은 3분 정도만 호흡에 의식을 집중하는 것으로부터 시작해 주십시오. 뜨겁게 달궈진 모터는 무리하게 돌려도 생산성이 갈수록 떨어집니다. 과열되어 어느 순간 더 이상 움직일 수 없는 상태가 될 수도 있습니다.

그렇게 되기 전에, 어느 곳에서도 가볍게 할 수 있는 명상 습관을 몸에 익혀서 뇌가 더 이상 피로해지는 것을 막고 피로도를 낮추는 것을 권합니다.

'어떻게 하면 돈을 벌 수 있을까?' 여러분은 줄곧 이 생각을 하면서 돈을 버는 방법이나 비즈니스 노하우가 있는 책이나 미디어를 수도 없이 공부하고 있겠죠.

'돈을 벌려면 행동이 우선이다'하면서 뭔가를 끊임없이 하시는 분들도 많습니다. 확실히, 어떤 결과를 내기 위해서는 '행동하는 것'이 무엇보다 중요합니다.

하지만, 어떤 행동을 하고 어떤 결과를 만들어낼지 그 목표를 설정하고 행동을 지령하는 것은 '뇌'입니다. 가장 중요한 사령탑인 뇌가 피폐하다면 '본말전도(本末顚倒)'입니다.

행복한 돈은 우선 뇌에게 최고의 휴식, '아무것도 하지 않는 시간'을 주는 것으로부터 시작합니다.

06

전세계 엘리트들이
빠짐없이 실천하는
뇌와 마음의 휴식법

좀 전에 잠깐 말씀 드렸지만 세계의 엘리트들 사이에서 명상은 아주 당연시 되고 있습니다. 명상을 실천하면서 집중력, 직관력, 창조력, 통찰력, 분석력, 그리고 문제해결능력 등의 모든 능력치가 올라갔다는 것을 들어보면, 비즈니스 업계에서 명상이 통용하고 있다는 것에 수긍하게 됩니다.

비즈니스에 가장 필요한 능력 중에서 특히 명상으로 높여줄 수 있는 능력은 '감정을 컨트롤하는 능력(평상심)'입니다.
비록 소규모 회사지만 우여곡절 속에서도 23년간 폐업하지 않고 계속 해 왔던 것은 어떤 상황에서도 명상을 통해 '일정한 퍼포먼스를 발휘할 수 있는 안정된 멘탈'을 가질 수 있었기 때문입니다.

명상은 비즈니스 뿐만 아니라 인생 자체를 행복하게 해 줍니다.
여기에는 3가지 이유가 있는데요.
첫 번째는 명상의 효과가 과학적으로 증명되어 있다는 것입니다. 스트레스 해소, 뇌의 기능이나 구조 그 자체에 좋은 변화를 주는 것이 실증되어 있습니다. 아무 근거도 없는 단순한 치유가 아니라 심신을 훨씬 좋게 만들어 주는 과학적으로 증명된 건강법입니다.
두 번째 이유는 '언제 어디에서든 단시간으로도 뇌와 마음을 리셋시킬 수 있는 편리함'입니다. 필요한 것은 3분~15분의 시간 뿐입니다. 하루 중 어느 때든 집, 회사, 지하철에서도 명상은 가능합니다. 2020년 5월 코로나19로 긴급사태선언이 발령되었을 때에도 저는 페이스북 그룹 실시간으로 라이브 명상을 진행했습니다. 195일간 연속으로 라이브를 하였고, 지금도 매일 하고 있습니다. 라이브에서는 호흡법이나 무브먼트 명상등 매일 15분 정도로 충분한 다양한 명상법을 전달하고 있습니다. 이렇게 지속적으로 하면서 명상 경험자 뿐만 아니라 처음으로 명상을 체험한 분들로부터도 '머리가 맑아졌다', '불안감이 완화됐다'등의 기쁜 소식을 많이 전해 들었습니다. 약 1개월간 지속적으로 명상을 한 결과, 피곤에 찌든 분들이 더 큰 효과를 경험하기도 했습니다.

명상이 인생을 풍요롭게 하는 세 번째 이유는 명상이 마음에 좋은 영향을 주기 때문입니다. 신형 코로나 바이러스, 지진, 태풍, 게다가 AI의 급속한 진화 등으로 사회 변화가 앞을 예측하기 힘든 시대가 되었고 사람들은 불안함을 안고 살아가고 있습니다. 명상을 하게 되면 불안함이 완화되고, 마음을 차분하게 해주는 효과가 현저하게 나타납니다.

'VUCA(뷰카)시대'라는 말을 들어보셨나요?

Volatility (변동성)

Uncertainty (불확실성)

Complexity (복잡성)

Ambiguity (애매모호)

격변하는 흐름 속에서 세상은 혼란스럽고, 방대한 정보가 뒤섞인 'VUCA(뷰카)시대'에는 '나에게 정말로 필요한 정보가 무엇인가?'를 스스로 찾고 선택하고 행동하지 않으면 안됩니다. 불확실한 시대에는 적확한 판단, 냉정한 시야, 높은 집중력이 요구되고, 다양성을 받아들이는 공감력이 필요합니다.

매일 하는 명상이 이러한 능력을 서서히 높여준다는 것을, 15년간 직접 명상을 실천하면서 느끼고 있습니다. 어떠한 부작용도 없이 심신의 건강을 향상시켜주고 뇌 자체의 변화를 일으키는 '명상'과의 만남은 제 인생의 근본을 크게 바꿔준 계기가 되었습니다.

지금부터는 실제로 제 자신이 효과를 실감한 명상 중에서 선별한 아주 간단하면서도 즐겁고 효과적인 '4가지 명상 방법'을 말씀 드리겠습니다.

1회 단 3분!
풍요함의 문이 열리는
'호흡'의 비밀

수 많은 명상 중에서도 누구라도 간단하게 바로 가능한 '호흡법'입니다.

명상이라고 하면 '무(無)가 되어야 한다'고 생각하시는 분이 많겠지만, 그렇게 어려운 것은 생각하지 마시고 단지 '호흡에 의식을 집중하는 것'만으로도 큰 효과를 얻을 수 있는 '호흡명상'을 소개하겠습니다.

1회 3분! 호흡에 의식을 집중하는 것만으로도 집중력과 기억력 향상

'멀티태스킹'을 요구하는 시대에서 우리들의 마음은 목적 없이 방황하고 뇌는 피곤해집니다. 이 호흡명상을 계속하게 되면 뇌는 '지금 이 순간' 한 점에 집중하게 되면서, 뇌가 피곤해지는 원인이 되는 잡념을 재빠르게 알아차리고 치워버릴 수 있게 됩니다. 그렇게 되면 스트레스는 줄어들고 집중력과 기억력이 높아집니다. 또한 항상 피곤에 지쳐 있던 뇌는 서서히 '스트레스에 강한 뇌'로 변화해 갑니다.

처음에는 '매일 매일 명상을 어떻게 해?'하고 생각하실 수 있습니다.

하지만, 우선 하루, 3일, 그리고 일주일 정도 지속해 보면, 몸과 마음으로 실제 효과를 느끼게 되고 매일의 명상을 즐기게 됩니다.

호흡명상 실천

호흡명상은 이럴 때 권해 드립니다.
- 머리가 피곤하다
- 마음이 낙담한 상태다.
- 의욕이 나지 않는다
- 안절부절못하면서 주의가 산만해 진다

1. **앉는 방법** : 의자에 살짝 앉아서 등을 펴고, 복부를 편하게 합니다. 다리를 조금 벌리고 발바닥을 바닥에 댄 상태로 몸을 살짝 앞 뒤로 움직이면서 몸이 편안하고 똑바른 위치를 찾습니다.
2. **자세와 시선** : 턱을 살짝 당기고 등은 좌골에 떠 받쳐서 똑바로 위를 향하는 이미지로 등 근육을 폅니다. 양손은 허벅지 위에 올려놓습니다. 손바닥을 위로 향하면 어깨가 바깥으로 열려 가슴이 펴지고 호흡을 하기 편하게 됩니다. 어깨 힘을 빼고, 눈은 편하게 감거나 실눈으로 시선을 한 점에 고정시키던가 합니다.
3. **호흡에 의식을 집중한다** : 코로 호흡을 합니다. 몇 초 동안 들이마시고 내쉬는 등의 규칙은 없습니다. 자연스럽게 호흡하면서 코로 들이마시고 내쉬는 호흡의 온도의 차를 느껴봅니다. 호흡과 호흡 사이에 의식을 기울여 봅니다. 의식을 집중할 수 없을 때에는 호흡에 넘버링을 하면 효과적입니

다. 들이마시고 1, 내쉬고 2, 들이마시고 3, 내쉬고 4 …. 10까지 호흡에 넘버링을 하고, 다시 1부터 10까지. 3분에서 15분간 지속합니다.
4. **잡념** : '무(無)가 되지 못한다'고 많은 분들이 말씀하시지만, 무념의 상태는 되기 어렵습니다. 잡념이 많아서, 나는 명상 같은 건 할 수 없다고 자신을 책잡을 필요도 없습니다. 잡념이 생기거나 없어지거나 하는 것은 아주 자연스러운 일입니다. 도중에 잡념이 발생했다면 그걸 인정하고 다시 호흡에 의식을 집중해 봅니다.

이상의 4가지가 호흡명상입니다. 어떻습니까? 3분을 정말로 길게 느끼거나, 도무지 집중을 할 수가 없어서 3분도 할 수 없다는 분도 계시리라 생각합니다. 하지만 걱정하실 필요 없습니다. 저도 처음에는 1분도 하기 힘들었습니다만, 계속하면서 점차적으로 긴 시간 호흡에 집중할 수 있게 되었습니다. 우선은 1회 3분부터 시작합시다. 중요한 것은 매일 하는 것입니다. 가능하다면 매일 같은 시간에 같은 장소에서 명상을 하면 습관화되기 쉬우니 그 방법을 추천합니다.

08

행복한 부자가 되는 '식사명상'

갑작스러운 질문이지만, 당신은 매일 식사 시간을 어떻게 보내고 있습니까?

무농약이나 유기농 야채, 거기에 무첨가 조미료 등에 적지 않게 신경을 쓰는 분들도 많습니다. 이와 같이 '먹는 것'에는 신경을 쓰면서도 '먹는 방법'을 의식하시는 분들은 많지 않다고 생각합니다.

'식사명상'이란 식사라는 행위의 '지금 이 순간'에 집중하는 명상입니다.

우울증을 겪을 때에 저도 첨가물 등을 피하고, 유기농 야채를 섭취하는 등 식재료에 대단히 신경을 썼습니다. 하지만, '먹는 방법'에 의식을 기울였던 적은 없었습니다. 식사 시간에는 핸드폰으로 메일을 체크하거나 다음 일정을 생각하는 등 '먹는 것에 집중한다'는 것은 상상도 할 수 없었습니다. 바로 이와 같이 '뭔가 하면서 먹는 것'은 뇌와 마음에 피로를 쌓고 우울증이나 컨디션 저하를 유발하는 원인이 되었습니다. 인간은 먹지 않고는 살아갈 수가 없습니다. 그런데도 그 당시의 저는 제 목숨의 원천이 되는 식사라는 행위를 소홀히 하고 있었습니다.

이렇게 해서는 행복한 인생을 보낼 수가 없습니다. 당신 주변에 행복한 부자들이 있습니까? 만약 있다면 그들의 식사 방법을 꼭 주목하시길 바랍니다.

식사명상 실천

식사명상은 이런 분들에게 추천합니다.
- 일의 능률이 떨어진다.
- 자주 과식을 하고 만다

1. 지금 먹으려고 하는 음식물을 10초~30초 정도 보고 그 원산지나 유래를 상상한다.
2. 음식물의 생김새, 냄새, 입술에 닿는 감촉 등에 주의를 기울인다.
3. 입 속에 음식물을 넣어 보고 혀가 닿는 감촉과 침이 분비되는 형태를 느껴 본다.
4. 음식물을 씹어 본다. 씹을 때 촉감이나 여러 가지 맛에 주의를 기울인다.
5. '단 맛? 쓴 맛?' 한 개의 음식물에서 다양한 미각을 찾아 본다.
6. 음식물이 어떻게 만들어져서 이 자리에까지 왔는지 생각해 본다.
7. 입 안에 든 음식물을 삼켜보고, 목과 식도의 감각에 의식을 기울인다.
8. 음식물이 들어간 뒤에 신체 감각과 무게 등을 느껴 본다.
9. 수 많은 사람들의 수고로 지금 내가 이 음식을 먹고 있다는 걸 감사한다.

식사명상으로 행복하게 된다.

　식사명상은 '먹는 일 한가지에 의식을 집중하는 트레이닝'입니다. 계속해서 한다면 뇌의 피로와 스트레스가 줄어들고 일에서의 능률도 올라갑니다. 또한 '뭔가 다른 일을 하면서 먹는 식습관'도 개선되면서 정말로 배가 고팠을 때에만 식욕을 느끼게 됩니다. 간식이나 과식을 막아 주어 다이어트에도 효과적입니다.

　이 명상의 포인트는 '먹는 스피드를 낮추는 것'과 '먹으면서 다른 일을 하는 것을 못하게'하는 것입니다. 식사라는 행위를 단순하게 '배를 채우는 행위'로만 하지 않고, 음식의 색, 향, 혀의 감촉, 때로는 손의 감촉까지 사용하면서 '오감으로 즐기는 특별한 시간'으로 만들 수 있습니다.

　하루 3회 식사 모두에 실천할 시간이 없을 때에는, 하루 한 번 식사부터 시작해 보십시오. '나한테는 그것도 힘들어'하고 느끼신다면, 최초 몇 입 정도만으로도 괜찮습니다. 정말 최초 몇 입만이라도 실천해 보면 지금까지 한 번도 느껴 본 적이 없는 감각을 경험하게 되실 것입니다.

　행복한 부자 중에 핸드폰을 보면서 식사를 하는 사람은 없습니다. 행복한 사람은 식사라는 행위를 충분히 즐깁니다. 아니, 맛있고 즐겁게 먹으면서 행복해 지는 것입니다.

09

걸으면 걸을수록
풍요롭게 되는
'걷기명상'

당신은 하루에 어느 정도 걷고 있습니까?

사실, 단지 걷는 것만으로 당신의 인생은 행복하게 됩니다.

"걷는 것만으로도 인생이 행복하게 된다고? 정말로?" 이렇게 생각하는 분들도 있겠지만 정말입니다. 당신의 인생이 더욱 더 풍요롭게 되는 '걷는 방법'을 소개합니다.

걸으면 걸을수록 매출이 늘어난다!?

저는 트레킹을 정말 좋아해서 이틀에 한 번 꼴로 남편과 함께 산이나 강, 바다에 가서 워킹이나 조깅을 합니다. 이전에는 일이 너무 바빠서 한 해에 수회밖에 갈 수 없었지만 지금은 날씨가 좋은 날에는 반드시 나가게 됩니다.

일하는 시간은 줄었지만, 매출은 최근 수년간 계속 우상향하고 있습니다.

그렇습니다. 걸으면 정말로 인생은 행복하게 됩니다.

매일 하는 출퇴근이나 쇼핑할 때에 10분만 '걷는 방법'을 바꾸면 OK입니다.

그 비밀은 '걷는 방법'에 있습니다.

'걷는다' 그 한 가지에 집중한다.

당신은 걷고 있을 때에 뭔가 생각을 하고 있지 않습니까?

아침에 지하철역까지 갈 때에는 오늘 할 일을, 저녁에 돌아올 때에는 저녁 메뉴를 하는 식으로 '걸으면서 항상 뭔가를 생각하고 있지는 않습니까?' 우리들은 뭔가를 할 때에 눈 앞의 하나에 집중하는 것이 아니라 그 이외의 다른 일도 함께 생각합니다. 이와 같이 '마음이 방황하는 시간'을 최대한으로 줄이고, 쉽게 피곤해 지지 않는 뇌와 마음을 만들 수 있다면 스트레스는 줄고 집중력이나 창조력은 확연하게 올라갈 것입니다.

집중력이 높아지면 짧은 시간에도 많은 일을 소화할 수 있게 되고 창조력은 부가가치가 높은 비즈니스 아이디어를 만들어 줍니다. 실제로 저는 좋아하는 워킹 시간을 압도적으로 늘렸음에도 불구하고 비즈니스의 부가가치를 높임으로 이전보다도 훨씬 많은 수입을 얻을 수 있게 되었습니다.

제 비즈니스 아이디어는 트레킹을 끝내고 기분 좋게 쉬는 시간에 "아, 이게 좋겠는데!" 하고 솟아 나오는 경우가 대부분입니다.

걷기명상 실천

보행명상은 이런 분들에게 추천합니다.
- 항상 시간에 쫓긴다
- 하나에 집중하는 게 힘들다

1. 자연스럽게 호흡합니다.
2. 양 발바닥의 감각을 느끼면서 천천히 걷기 시작합니다.

3. 발의 움직임과 감각에 집중합니다. (발이 지면에서 떨어지고 뒤꿈치가 지면에 닿는 감각)
4. 중심이 앞으로 뒤로 이동하는 감각에도 의식을 기울입니다.
5. 좌우 각각 '발이 떨어진다, 앞으로 간다, 아래로 내려간다, 지면에 닿는다' 4가지 감각에 집중합니다.
6. 잡념이 흘러서 집중이 안 될 때에는 4가지의 감각을 느끼면서 발의 움직임과 함께 '좌, 우, 좌, 우…' 라벨링을 하면서 걷습니다

보행명상은 '걷는다'라는 한 가지에 집중하는 훌륭한 명상법입니다. 하루에 15분만 실천해도 뇌가 릴렉스되고 깜짝 놀랄 정도로 집중력이 높아집니다. 출퇴근, 쇼핑, 그 외에도 일상 중 어느 때라도 실천할 수 있는 가벼운 명상법이기 때문에 꼭 실천해 보십시오.

10

돈을 벌어들이는
'침실명상'

수면이 부족한 분들은 부자가 될 찬스입니다.

'잠이 보약이다'라는 말처럼, 기분 좋게 푹 자는 것은 우리들이 풍요로운 인생을 즐기는데 필수 불가결한 것입니다.

혹시, 지금 여러분이 질 좋은 수면을 취하는 게 어렵다고 한다면 그것은 오히려 큰 찬스라고 생각해서도 됩니다.

왜냐하면, 이 책을 보시고 수면의 질을 올릴 수 있다면 수 많은 일들에서 최고의 퍼포먼스를 발휘할 수 있게 되고 꿈꾸는 미래로 다가갈 수 있는 힘이 배가 될 것이기 때문입니다.

부자들은 수면을 소중히 합니다.

양질의 수면을 취하는 것은 인체의 회복을 촉진하는 성장호르몬을 분비하여 신진대사를 좋게 해 줍니다. 또한, 뇌를 쉬게 하여 자율신경의 움직임을 정리하며 스트레스 회복력과 내성을 올려줍니다.

그렇습니다. 수면의 질은 뇌, 마음, 그리고 신체 전반에 커다란 영향을 줍니다. 그렇기 때문에 부자들은 '수면'을 정말로 소중히 합니다.

어떻게 하면 양질의 수면을 취할 수 있을까요?

일, 육아, 인간관계 고민 등 스트레스가 많은 사회에서 5명중 1명은 수면에 대한 고민을 안고 있다고 합니다.

불면증은 면역력과 기억력을 저하시키고 우울증, 비만, 생활습

관병, 암이나 인지증의 리스크를 증가시킵니다. 양질의 수면을 확보하는 것은 목숨과 인생의 풍요함을 지켜주는 것입니다.

저는 수면의 질을 높이기 위해서 오전 중에는 햇빛을 쬐고 밤에는 핸드폰을 침실에 갖고 들어가지 않으며, 잠 들기 전에 '침실명상'을 하고 있습니다. 세계의 엘리트들이 하고 있는 명상법을 꼭 여러분들도 실천해 보시기 바랍니다.

침실명상 실천

좋은 수면을 취하고 있는 분과 그렇지 않은 분들 모두에게 권장하는 명상입니다.

1. **자세**
   침대나 이불에 똑바로 누워 다리를 어깨 넓이로 벌리고 양손 바닥은 위로 향하게 해서 몸 옆에 가지런히 놓습니다.
   신체의 무게가 지면으로 향하여 흘러가고 중력에 따라서 신체가 깊게 잠기는 것을 이미지화 합니다.
2. **호흡에 의식을 집중하여 관찰합니다.**
   자연스럽게 호흡하면서 자신의 호흡의 속도, 길이, 깊이를 관찰합니다.
3. **호흡을 신체 전반에 확대합니다.**
   호흡을 관찰 한 후에는 갓 태어난 신생아처럼 뱃속 깊이 공기를 들이마시고 아주 천천히 내쉬면서 호흡을 신체 전반으로 확대해 갑니다.
4. 내쉬는 숨을 길게 합니다.
다음으로는 코로 숨을 들이마시고 입으로 '하~'하고 소리를 내면서 숨을 내쉽니다. 포인트는 들이마시는 숨보다 내쉬는 숨을 길게 하는 것입니다.
예를 들어, 3초 들이마시면 4초간 내쉽니다. 이게 가능하다면 3초 들이마시고 그 두 배인 6초 동안 내쉬면 보다 효과적입니다.
괴롭지 않고 기분 좋을 정도의 호흡 타이밍을 자유롭게 설정합니다.

내쉬는 숨을 길게 하면 호흡 리듬과 깊이가 달라지는 것을 느낄 수 있습니다. 연습을 반복하면 깊게 호흡할 수 있게 되고, 뇌와 마음과 신체가 상당히 릴렉스되면서 편하게 수면모드로 바뀌게 됩니다.
잠자리가 좋든 나쁘든 매일 밤 이와 같은 '침실명상'을 반복하면 아침에 기분 좋게 일어나게 되고 일의 퍼포먼스가 각별하게 향상될 것입니다.

11

본능을 간직한 채로
자연과 함께하고 싶다

사람이 하루 중 대부분을 실내에서 생활하게 된 것은 역사적으로 보면 아주 최근의 일입니다. 인류는 하루 대부분을 야외에서 지내면서 자연과 하나되어 생활해 왔습니다. 그러한 상황에서 인간의 뇌가 발달되어 왔기 때문에, 뇌는 자연과 융합될수록 인지능력이 향상됩니다. 하지만, 현대인은 하루 대부분을 실내에서 생활하고 있습니다.

'실외'에서 지내는 것만으로도 '지금 이 순간에 의식을 기울이는 상태'가 되기 쉬워집니다. 저는 원래부터 자연을 좋아하긴 했지만, 실외에서 지내는 시간을 늘리기 위해서 적어도 1주일에 2~3회 정도는 반드시 자연 속에서 운동하는 것을 습관화 하고 있습니다.

이렇게 자연 속에서 행하는 운동을 '그린 엑서사이즈(Green Excerise)'라고 합니다. 우울증을 겪었던 경험을 통해 자연에서 생활하는 중요함을 실감하고 있습니다.

'그린 엑서사이즈'는 명상과 같은 효과가 있어서 부정적인 셀프 토킹이나 '마인드 원더링'을 줄일 수 있습니다. 자연 속에서 운동한다는 것은, 굳이 먼 곳까지 나가지 않더라도 경치가 맘에 드는 길을 걷는 것만으로도 충분합니다. 그것만으로도 자기비판이나 자기공격이 줄어든다는 연구결과도 있습니다. 버스 출퇴근을 '걷기 명상'으로 바꾼다거나 한 정거장 미리 내려서 회사에 걸어가는 것도 효과적입니다. '그린 엑서사이즈'를 하는 방법은 그

냥 '자연 속에서 운동한다' 입니다.

자연 속에서 운동하면 뇌의 피로가 개선됩니다. 그것은 너무나 기분 좋게 '바로 이순간'을 느낄 수 있으며 신선한 공기와 새의 지저귐, 나뭇잎이 흔들리는 소리, 뺨에 스치는 바람 등의 존재를 자연스럽게 즐기게 됩니다.

세차게 떨어지는 폭포수를 보고 있으면 왜 마음이 편안해지는 것을 경험하게 될까요? 그것이 바로 명상의 상태입니다. '지금 이 순간'에 집중해서 폭포수를 보고 있기 때문입니다. 너무나도 아름다운 석양을 보고 있거나 장대한 대자연의 경치가 눈 앞에 펼쳐지면 안도감이 들거나 무언가에 보호받고 있는 듯한 감각이 들고는 합니다.

또한 무엇이든 용서할 수 있고 자신이 그렇게 고민했던 일들이 아무것도 아닌 것처럼 생각됩니다. 그러한 상태를 '프로스펙트(Prospect)'라고 합니다.

'그린 엑서사이즈'를 하면 '프로스펙트'가 높아지고 자기비판이나 분함이 줄어들게 됩니다.

인간에게는 원래 '자연과 반드시 연결되고 싶다'라는 강력한 본능이 있습니다. 그렇기 때문에, 마음이 개운하지 못한 사람은 우선 '자연'과 접촉할 것을 권합니다. 상담을 통해 충분히 이야기를 나누면서 문제를 이해하는 방법도 유효합니다만, 고민 상담이 잦은 분이라면 자신의 행동패턴 변화를 위하여 장소를 완전히 바꿔서 오감으로 받아들이는 정보(시각, 청각, 후각, 미각, 촉각)를 바꾸는 것에 도전해 보십시오.

넓은 자연에 몸을 맡기고 웅대한 경치나 깨끗한 공기와 함께 하는 등 평소와는 전혀 다른 장소에 가게 되면 많은 깨달음이 일어나고 아이디어는 번쩍이며 문제해결능력이 높아집니다.

인간은 중요하다고 생각하는 것이 이미 정해져 있습니다. 예를 들어, 육아를 긴 시간 하게 되면 아이 우선이라는 생각이 몸에 베입니다. 사고도 행동도 스스로 바꾸려고 하지 않으면 절대로 바꿀 수 없습니다. 그 가장 효과적인 방법이 눈 앞의 경치를 바꾸는 것, 환경을 바꾸는 것입니다. 실외에서 보내는 시간을 조금이라도 늘리고 자연을 느끼는 시간을 갖게 되면 지금까지의 고민이나 생각에 변화가 나타나는 것을 느낄 수 있을 겁니다.

12

명상으로
일의 능률이 좋아진다

제 1장의 명상에서는 호흡명상, 걷기명상, 식사명상, 그리고 침실명상까지 4가지 명상방법을 전해드렸습니다.

호흡명상은 오롯이 호흡을 카운트하는 것이 전부입니다. 호흡명상의 좋은 점은 마음이 여기저기 방황하는 '마인드 원더링'이 줄어들고 불필요한 '셀프 토킹'이 멈추는 것입니다.

눈을 감고 호흡에 의식을 집중하게 되면 도중에 여러 가지 생각이 떠오르게 되는데요. 그 때에는 "나 또 잡생각을 하고 있구나" 하고 있는 그대로를 느낀 다음에 다시 호흡에 의식을 집중합니다. 이것만으로 충분합니다. 바로 '호흡에 의식을 다시 집중한다'는 것에 엄청난 효과가 있으며 명상을 계속하게 되면 불필요한 '셀프 토킹'이 조금씩 줄어들게 됩니다.

명상 중에는 여러 가지 것들이 머리 속에 떠오르기 때문에 '명상이 안 되는 것 아닌가'하고 생각하는 분들도 많겠지만 전혀 상관 없습니다. 땀을 많이 흘려도 괜찮은 것처럼 '셀프 토킹'이 아무리 많아도 괜찮습니다. '셀프 토킹'을 해도 호흡에 의식을 다시 집중하는 것만으로도 뇌의 피로가 개선됩니다.

'마인드 원더링'이나 '셀프 토킹'은 '지금 이 순간'에 의식이 없고, 과거나 미래의 부정적인 것들로 뇌가 방황하는 상태입니다. 명상으로 그것들을 멈추게 하는 것은 큰 의미가 있습니다.

수년 전에 세미나에서 명상을 막 시작했을 때에는 3분간 가만히 앉아 있는 것도 너무 힘들어 했던 분들이 많았습니다. 눈을 감고 가만히 있으면 "아, 이거 깜빡 했네", "아차, 이렇게 하면 좋았을걸" 이런 생각들이 머리 속을 빙빙 돌면서 단 3분의 명상도 제대로 할 수 없었던 분들이 많았던 생각이 듭니다. 반년 정도 계속하면서 모든 분들이 20분 정도 여유롭게 명상이 가능하게 되었습니다.

'셀프 토킹'은 일을 많이 하는 분들에게 특히 많습니다.
가만히 있기 어렵고 항상 뭔가를 생각하고 있기 때문입니다. 실제로는 항상 뭔가를 생각하고 있는 것보다도 '온오프(On-Off)'를 확실히 하는 것이 일의 퍼포먼스가 확연하게 좋아집니다.

우리들은 정보사회의 파도에 휩쓸려 처리를 할 수 없을 정도로 수 많은 정보를 받아 들이고 있습니다. '100년 전의 사람이 1년 동안 받아들일 양'을 하루에 받아들이고 있습니다. 뇌의 구조자체는 크게 변하지 않았는데 정보량이 어마어마하게 늘어나면서 도무지 처리할 수 없는 상태가 되었습니다. 항상 마음만 바쁘게 움직이고 항상 머리 속은 수많은 생각들로 가득 찬 채로 점점 퍼포먼스는 떨어지게 됩니다.

핸드폰의 어플이 전부 활성화되어 있으면 핸드폰의 성능은 급격히 떨어집니다. 불필요한 어플을 종료하면 또 착착 움직이게 됩니다. 컴퓨터도 수많은 윈도우를 활성화시키면 반응속도가 늦어지게 됩니다. 버벅거리는 컴퓨터로 아무리 열심히 일을 해도 효율은 더욱 나빠지게 됩니다.

일이 생각한대로 진행되지 않고 안절부절못하면서 더더욱 일이 안 돌아가는 악순환에 빠지게 됩니다. 우리들의 뇌도 많은 어플과 윈도우를 종료시키면 퍼포먼스는 일제히 올라가게 됩니다.

명상은 하루 15분 이상 하면 더욱 효과적입니다.

하지만, 명상을 처음 접하신다면 '아침 1회 딱 3분!'이란 짧은 시간으로 시작해서 명상을 습관화 해보시기를 추천합니다. 피곤한 마음과 뇌, 그리고 신체를 리셋시키면 일의 능률은 각별하게 올라갈 것입니다.

13

명상 고민 베스트 3 대처법 :
'무(無)가 되지 못한다.
시간이 없다.
좋아지지 않는다'

명상이 우리들에게 얼마나 많은 도움을 주는지를 전해 드렸습니다. 여기에서는 많은 분들로부터 듣게 되는 '명상 고민 베스트 3'에 대한 대처법을 말씀드리겠습니다.

1. 명상 중에 여러 가지 것들이 머리에 떠 올라서 아무리 해도 무(無)가 되지 못한다.
2. 명상 할 시간이 없어서 명상을 계속 할 수가 없다.
3. 아무리 해도 명상이 좋아지지 않는다.

가장 많은 '명상 중에 여러 가지 것들이 머리에 떠 오릅니다' 하는 분들에게는 '여러 가지 생각이 떠 올라도 전혀 문제가 되지 않습니다'라고 단언합니다.

명상을 한다고 한번에 무(無)가 되는 사람은 거의 없습니다. 그렇기 때문에 안심해 주십시오. 무념상태가 되지 않더라도 명상의 도움은 충분히 느낄 수 있습니다. 저도 명상을 처음 시작했을 때에는, 호흡에 의식을 집중하는 것은 처음 몇 초 뿐이었고, '내일 일정이 뭐였더라?', '아, 이메일 답장을 깜빡 했네' 등 머리 속에서 수 많은 생각들이 시작되어 3분간 가만히 앉아 있는 것도 무척 고통스러웠습니다. 하지만 지금은 그 고통이 기분 좋음으로 바뀌었습니다. 지금도 뭔가 큰 문제에 직면했을 때에는 호흡에 의식을 집중하는 것을 잊어버리고 명상 중에 그 문제를 생각하고는 깜짝 놀랄 때가 있습니다. 하지만, 그건 그것대로 괜찮습니다. 왜냐하면, '의식이 방황하는 상태를 느끼고, 다시 지금

이 순간으로 의식을 되돌린다' 이런 반복이 뇌의 피로를 개선하고 집중력을 높이는 트레이닝이 되기 때문입니다.

두 번째로 많은 '명상 할 시간이 없어서 명상을 계속 할 수가 없습니다'라는 고민에 대해 말씀 드리겠습니다. 그런 분들에게 딱 맞는 명상법이 있습니다.

1회 3분의 호흡명상부터 시작하여 하루 3분명상을 6회 하는 방법입니다.

아침에 눈 떴을 때, 아침식사 전, 점심식사 전, 오후 휴식 때, 저녁식사 전, 잠들기 전과 같은 식으로 호흡명상을 6회로 나눠서 해보세요. 1회 3분으로도 충분하니 호흡에 의식을 집중하는 시간을 가져보세요. 그것만으로도 마음이 편안해지고 기분이 좋아지는 것을 느낄 수 있습니다. 항상 바쁜 사람이라면 정말 짧은 명상시간을 갖는 것만으로도 '상상이상으로 기분이 너무 좋아졌습니다'하고 깜짝 놀라는 분들이 많습니다.

마지막으로 '도무지 명상이 좋아지지가 않습니다'라고 하는 분들에 대한 대처법입니다. 저도 처음 시작했을 때에는 명상을 전혀 좋아하지 않았습니다. 그럼에도 불구하고 계속했던 것은 감정을 조절하고 싶었기 때문입니다.

명상을 좋아할 필요는 없습니다. 명상은 근육운동과 같아서 뇌와 마음의 트레이닝입니다. 예를 들어, '저는 팔굽혀펴기, 턱설이를 좋아합니다'하는 분들이나 '복근운동을 너무너무 좋아합니다'라고 하는 분들은 거의 없겠지요? 하지만, 좋아하지는 않아도 매일 팔굽혀펴기, 턱걸이, 복근운동을 하면 어떻게 됩니까? 그렇습니다. 근육이 단단해지고 배에 왕자가 생기게 됩니다. 자기가 원하는 몸 상태가 되면 그 때부터는 체형을 유지하기 위해서 지속하는 사람도 있는가 하면, 반복횟수를 줄이는 사람도 있습니다. 명상도 마찬가지입니다. 명상 자체를 좋아할 필요는 없습니다.

근육운동도 처음 1~2개월이 중요한 것처럼, 명상도 처음 1~2개월 정도 담담하게 매일 조금씩이라도 해보세요.

명상의 핵심은 '무리하게 노력하지 않는다. 변화를 기대하지 않는다. 담담하게 이어가고, 단지 일어난 일을 있는 그대로 받아들인다' 입니다.

'진정한 자신감'을 키우는 힘

행복한 부자들이 반드시 갖고 있는 '5가지의 힘'
그 힘의 토대가 되는 마인드는 바로 '자신감'입니다.
자신감은 모든 풍요함에 이어져 있습니다. 5가지의 힘을 키우기 위해서는 그 토대가 되는 자신감을 키우는 것이 가장 중요합니다.
자신감을 키우는 힘은 '어떠한 때에도 자신을 응원하는 마음'으로부터 시작합니다. 실패해도 절대로 자신을 질책하지 않고 어떠한 때에도 자신의 능력을 믿고 모든 문제를 극복하여 목표를 달성합니다. 무슨 일이 있어도 자신을 응원하는 마음이야말로 행복한 부자가 되기 위해서 가장 중요하고 가장 필수불가결한 마인드입니다.

여기에서 질문을 하나 하겠습니다.
당신에게는 자신을 진심으로 '응원하는 마음'이 있습니까? 큰 실패를 했더라도 스스로를 질책하지 않고 목표 달성을 응원하는 마음을 갖고 있습니까?

만약 지금 당신이 '제 스스로를 진심으로 신뢰하고 응원하고 있습니다.'라고 말할 수 있다면 지금 당장 돈이 없더라도 앞으로 당신은 반드시 부자가 됩니다. 왜냐하면, 부자들은 백이면 백 모두 태어날 때부터 부자이고 여유롭지는 않았습니다. 태어나고 자란 가정환경이 가난해도 거기에서 크게 분발하고 자신을 지속적으로 응원하면서 풍요롭게 된 사람들이 대부분이기 때문입니다.

예를 들어, 저 같은 경우는 23년 전에 32세의 나이로 사업을 시작했습니다. 당시에는 여성 사업가는 거의 주변에서 찾아보기 힘들었습니다. 사업은 물론이고 갓 서른이 넘어서 결혼도 하지 않고 혼자 살고 있는 독신여성은 '인간으로서 어딘가 결함이 있는 거 아니야?'라고 생각되는 시대였습니다.

그러한 시대에 갑자기 부모님에게 밑도 끝도 없이 "아버지, 사업을 하겠어요!" 하고 폭탄선언을 해버렸으니 그 때부터는 정말 대단했습니다. 평소부터 격정적인 아버지는 노발대발하면서 "뭐라고? 세상 물정 모르는 이제 서른의 여자가 가게를 갖겠다고? 그런 쓸데 없는 생각할 시간이 있다면 시집 갈 생각이나 해!" 하면서 격노했습니다. 조용했던 호텔 로비는 아버지의 고성이 울려 퍼져서 주변 사람들 모두가 수상쩍게 저희들을 바라봤습니다. 저는 바로 "아버지, 미안해요. 내가 어리석었어요. 두 번 다시 그런 거 하겠다고 하지 않을게요. 용서해 주세요." 하고 바로 사과했습니다.

그리고 나서 집으로 돌아오는 지하철에서는 '내가 절대로 목숨 걸고

무슨 일이 있어도 성공할거야!'하면서 이글이글 의지를 불태웠습니다. 사실 이 시점에서 저는 이미 사업을 시작하여 잡화점을 오픈한 상태였습니다. 다만, 발각되면 일이 복잡해질 거 같은 예감이 있었기 때문에 상황을 보면서 이야기를 한 것입니다. 하지만, 상상 이상의 아버지의 반대로 일단 여기에서는 듣는 척을 하면서 트러블을 회피하자고 생각했던 것입니다. 물론, 당시의 저는 가게가 성공할지 어떨지는 전혀 알지 못했습니다. 단지, '아버지가 아무리 나를 얕잡아봐도 나는 나를 응원한다!'라고 생각할 따름이었습니다. '나는 절대로 행복하게 될 거야.'라고 자신을 응원하는 것. 이 '자신을 응원하는 마음'이야말로 진정한 자신감을 키워주는 힘이라고 생각합니다.

'자신감을 키우는 힘'에는 진짜 힘과 가짜 힘 두 종류가 있습니다.

그 결정적인 차이는 진짜 힘은 '무조건'적으로 자신을 응원하지만, 가짜 힘은 '조건부'로 응원하는 것입니다. 여러분이 자신을 응원하는 힘은 어느 쪽입니까?

대다수 많은 분들이 본인을 조건부로 응원하고 있습니다.

풍요함을 창조하기 위해서는 무조건적으로 자신을 응원할 필요가 있습니다.

제3장

돈의 심리학 레슨
'자신을 아끼고
사랑하기'

14

모든 풍요함과 연결되는
진정한 자신감을 갖는 방법
- 자애심 기르기

진정한 자신감은 무조건적으로 자신을 응원하고 '자신을 믿는 마음'입니다.

도대체 어떻게 하면 자신의 생각과 가치관을 믿을 수 있게 될까요?

그 모든 것의 열쇠는 이번 장에서 전하는 '자애심을 기르는 것'입니다.

자애심은 문자 그대로 '자신을 아끼고 사랑하는 마음'으로 어떤 자신도 소중하게 생각하는 마음입니다. 자애심을 기르면 타인의 언동에 휩쓸리지 않게 됩니다.

자애심을 기르는 3가지 스텝은 다음과 같습니다.
1. 자신에게 다정하고 따뜻한 말을 건넨다.
2. 인간은 모두 불완전함을 안다.
3. 사실을 있는 그대로만 받아들인다.

1. 자신에게 다정하고 따뜻한 말을 건넨다.

당신이 소중한 사람에게 대하는 친절함을 자기 자신에게도 베푸십시오. 타인에게 절대로 하지 않을 심한 말을 셀프 토킹으로 자기 자신에게 함부로 이야기하지는 않습니까? '도대체 왜 이런 것도 못하는 거야?', '이렇게 간단한 것도 왜 이렇게 실수하는 거지?'와 같이 몇 날 며칠 동안 스스로에 대한 비난을 계속합니다. 그 결과, 신랄한 말을 계속해서 듣게 된 뇌와 마음, 그리고 신체까지도 상처를 받아서 성과는 비약적으로 떨어지게 됩니다.

안될 때에는 스스로를 채찍질하면서 뭔가를 달성하는 일도 있습니다만, 매번 그렇게 한다면 일시적으로는 좋아질지라도 반드시 어딘가에서 몸도 마음도 파탄하게 됩니다. 진정한 자신감을 갖기 위해서는 소중한 사람을 대하는 것처럼, 아니면 그 이상으로 자신을 격려하고 아끼고 소중하게 대해야 합니다. 바로 지금 이 순간부터, 누구보다도 사랑해야 할 자기 자신에게 다정하고 따뜻한 말을 건네 주세요.

2. 인간은 모두 불완전함을 안다.

자애심을 기르기 위한 두 번째는 자신을 포함해 '인간은 모두 불완전한 존재다'라는 사실을 받아들이는 것입니다.

아무리 뛰어난 사람도 반드시 불완전한 면이 있고 결점을 갖고 있습니다. 병이나 사고는 물론 일상생활의 소소한 일까지 스스로는 어떻게 할 수 없는 것들 투성이죠. '인간은 모두 불완전하고 결점이 있는 게 당연하다'라는 전제를 항상 마음 한편에 간직하고 어떤 일이 있어도 담담하게 받아들이려고 의식합니다. 그렇게 하면 스스로에 대한 엄격함이 부드러워지고 불필요하게 낙담하거나 안절부절못하는 일이 없어집니다. 그 결과 진정한 자신감을 키울 수 있습니다.

3. 사실을 있는 그대로만 받아들인다

세 번째 스텝은 '지금 이 순간'에 의식을 집중하고 현 상태를 있는 그대로 관찰 하는 것입니다. 가장 중요한 포인트는 과거나 미래가 아닌 지금 이 순간에 일어나는 현상에 의식의 초점을 맞추는 것입니다. 본인이 바라던 바가 아니었다고 하더라도 좋고 나쁨의 평가나 판단을 하지 않도록 합니다.

있는 그대로 '지금 이러 이러한 일이 일어나고 있구나'하고 인식하고 담담하게 받아들입니다.

지금 당신이 바라던 바가 아닌 일이 일어났더라도 '인간이기 때문에 완벽할 수가 없지. 괜찮아. 조금씩 이겨내 보자' 하면서 스스로 자신에게 다정하고 따뜻하게 위로되는 말을 건네 주십시오. 계속 그렇게 하다 보면 부정적인 감정이 사라지면서 그 자리를 온화한 기분들이 채우게 되고, 자연스럽게 진정한 자신감을 갖게 됩니다.

15

자애심과 자존심의
차이

여기에서는 자애심과 자존심의 차이에 대해 설명해 보겠습니다.

자존심과 자애심의 차이는 무엇일까요? 언뜻 보면 비슷해 보이지만 실제로는 완전히 상반된 것입니다.

타인으로부터의 칭찬과 비난에도 변하지 않는 것이 '자애심'입니다. 자애심은 타인의 평가에 좌우되지 않습니다. 반면에 '자존심'은 타인에게 칭찬받으면 높아지고 깎아 내려지면 내려갑니다.

예를 들어, 실패를 겪고 주위의 비판을 받았을 경우, '자애심'이 없는 경우에는 자존심은 한번에 꺾여버리고 아무런 행동을 취할 수 없게 됩니다. 칭찬받으면 기뻐하고 그것이 성공체험이 되어 자신감이 높아지는 기분이 듭니다. 하지만, 이것은 타인으로부터의 평가에 지나지 않습니다.

한편, '자애심'이 높은 사람은 실패하든 성공하든 어떤 상황에서도 반드시 자신을 아끼고 사랑합니다. 이렇게 어떤 상황에서도 자신을 아끼고 사랑하면 비즈니스든 사적 영역이든 어떤 상황에서도 잘 헤쳐나갈 수 있습니다. 성공한 사람이라 해도 물론 실패하는 것은 두렵습니다. 하지만, 어떤 일이 일어나도 '자신을 아끼고 사랑한다'면 두려움에도 불구하고 행동하게 되고 새로운 것에 도전할 수 있게 됩니다.

단, 대다수 사람들은 '자애심'을 갖추기가 어렵습니다. 왜냐하면, '자애심을 기르는 것'을 학교에서도 사회에서도 어디에서도 가르쳐 주지 않기 때문입니다.

'자애심'을 갖고 있는 사람은 자존심의 급격한 변화가 거의 없습니다. '자애심'을 갖고 있어도 타인의 비판이나 비난을 받았을 경우에는 물론 충격을 받습니다. 하지만, 자신도 타인과 동조하여 스스로를 비판하는 경우는 없습니다. 그것은 어떤 때에도 자신을 아끼고 사랑하는 마음을 갖고 있기 때문입니다.

'자애심'을 갖고 있지 않은 사람은 타인으로부터 비난 받았을 때에 '정말로 나는 안 되는구나. 매번 실패야'라고 낙담하면서 자책합니다. 이것은 자신도 남들과 동조하여 자기자신을 비판하고 비난하게 되는 것입니다. 타인과 자신에게서 연속된 비난과 비판을 받게 되면, 사고는 멈추고 아무런 행동도 하지 못하는 것은 당연합니다.

스스로 자신을 비판하거나 비난하면서 '왜, 그런 일을 저지른 거야…', '나는 이래서 안되는구나…'라고 생각하는 한, 다음 스텝으로 나갈 수 없게 됩니다.

그것보다도 '열심히 한다고 했지만 실패했다. 정말 미안하다. 앞으로는 이렇게 하려고 생각하네'처럼 미래에 도움이 되는 방향으로 말하는 것이 본인뿐만 아니라 주변에도 좋은 영향을 끼칩니다.

자존심은 '자애심'이라는 토대 위에 만들어집니다. 그것은 결코, 무엇이든 다 싸 잡아서 긍정적으로만 생각한다거나 긍정적인 척 하는 게 아닙니다. 실패는 인정하면서도 '다음에는 좀 더 이렇게 개선해 보겠다'고 자신에게 이야기하는 친절함과 여유가 무엇보다 중요합니다.

'자애심'을 갖고 있는 사람은 자신에게 다정하고 따뜻한 말을 건네며, 인간은 완벽하지 않다는 것을 알고, 좋고 나쁨을 있는 그대로 받아들입니다. 인생을 풍요롭게 사는데 '자애심'은 정말로 중요한 마음가짐입니다.

16

모든 인간관계가 좋아지는

단 한 가지 법칙

자신에게 다정하고 따뜻한 말을 건네는 것이 좋다는 걸 알고 있어도 '나는 역시 안돼'하고 셀프 토크를 하는 경우가 있습니다. 있는 그대로 받아들여야 한다는 걸 알고 있어도, 좋고 나쁨을 판단하고는 그대로 받아들이기 어려운 경우도 있습니다. 이럴 때, '나에게는 무리야'하고 단정 짓는 것은 역효과입니다. 자애심을 기르지 못하고 '나는 안돼'하면서 자기비판을 해 버리는 사람이 상당수 있다고 생각합니다. 실수한 것도 충격인데, 거기에다 다시 스스로 자신을 비판해 버리는 건 어째서일까요?

　그 원인은 '마음의 기본적인 구조'에 기인합니다. 마음은 예상 외 일이 일어나게 되면 그 상황에서 어떻게든 스스로를 지키려고 하는 움직임이 작동합니다. 예를 들어, 큰 실수를 해버렸을 때, 누군가에게 비판 받을 것을 예측하여 자신이 비판 받지 않도록 스스로를 지키려고 합니다. 그 '지키려고 할 때' 사람은 '싸운다', '도망친다', '멈춘다' 이 세 가지 방법 중에 하나 또는 전부를 사용합니다.
　'싸운다'는 '다 필요 없습니다.'와 같은 반응.
　'도망친다'는 그 장면에서 사라지는 것.
　그리고 '멈춘다'는 머리가 백지장처럼 하얘지는 것입니다.
　세 가지 모두 인간의 방어 시스템입니다. 마음의 방어 시스템이 자신에 대한 비판으로 나타난 것입니다.

　사람은 스스로를 지키려고 할 때 사실을 부정해서 받아들이는 경우가 있습니다.

예를 들어서 그가 "마음대로 내 방을 청소하지 마!" 라고 이야기 했다면, 있는 그대로 '그는 자기 방을 청소하지 않았으면 해'라고 받아들이면 됩니다. 하지만, 그 상황에서 당신이 "뭐라고?" 하고 신경질을 내거나 쇼크로 머리가 하얗게 되었다고 하면 그것은 마음의 방어 시스템이 자동적으로 스위치가 들어온 결과, 사실을 부정해서 받아들인 다음에 반응하기 때문입니다.

그는 당신을 질책하지도 않았으며 싫어하지도 않았습니다. 단지, '청소하지 마'라고 말한 것 뿐입니다.

일어난 일을 있는 그대로 인식하는 것이 트레이닝으로 가능하게 되면 '자애심'은 길러집니다. '자애심을 기른다'는 이 한 가지만으로도 파트너십을 포함한 모든 인간관계가 좋아집니다.

타인의 평가에 좌우되지 않는 것은 사람들이 이야기하는 것을 그대로 사실로 받아들이는 것입니다. 솔직하게 받아들인다면 좋은 일만 있을 뿐입니다.

자애심이 낮으면 일어난 일에 의미를 붙여 버리고 그것이 거꾸로 문제를 악화시켜버리는 일이 많습니다. 가정이 옥신각신하거나 직장 내 인간관계가 잘 안될 때에는 일이 잘 될 수가 없습니다. 결국에는 행복한 돈은 들어오지 않게 됩니다.

상상해 보십시오. 여러 가지 것들에 도전하고 모든 인간관계가 잘 돌아가는 것을. 그 뒤는 행복해지는 당신만 있습니다.

당신도 반드시 '자애심'을 기를 수 있습니다. 오늘부터 자신에게 다정하고 따뜻한 말을 건네고 사실을 있는 그대로 받아들인다. 이것 하나에만 집중해 주세요.

17

자기분석 도구를 사용한다

'있는 그대로 받아들이기'는 역시 어렵다고 느끼는 분들도 많으리라 생각합니다. 우리들은 평소에 얼마나 타인의 말에 좌우되고, 사실에 의미를 붙이는가요? 레스토랑의 한 장면을 예로 들어 '자애심을 기르는 방법'을 설명해 보겠습니다.

레스토랑에서 가장 화가 났던 일을 종이에 기록해 봅니다.
"지난번에 가끔 들르는 레스토랑의 종업원이 줄곧 퉁명스러운 데다가, 주문한 파스타도 나오는데 30분이나 걸렸습니다. 게다가 30분만에 나온 파스타 맛은 최악! 30분 이상 기다린 것도 짜증나는데 게다가 맛도 형편없어서 짜증은 머리꼭대기까지 났습니다. 꾹 참으면서 파스타를 먹고 나서는 신경질적으로 계산했습니다."

적고 나서 돌이켜 보면, '그렇게까지 화를 낼 필요가 있었을까' 하는 조금 창피한 기분도 듭니다. 부정적인 일을 이렇게 종이에 적는 것만으로도 차분하게 됩니다.

자, 지금부터 당신은 레스토랑에서 생긴 일에 대해 친구로부터 듣는 입장이 되어 주십시오. 친구는 당신에게 다음과 같이 이야기합니다.
"오늘 심한 일이 있었어. 주문한 파스타는 30분 동안 나오지도 않고, 뒤늦게 나온 파스타 맛은 형편없었어. 화가 나서 계산대에서 있는 대로 신경질을 내고 나와버렸어. 지금 정말 기분 최악이야"

이 이야기를 '자애심'을 기르는 세 가지 스텝에 적용시킵니다.

1. 친구(자신)에게 다정하고 따뜻한 말을 건넨다.

    이런 이야기를 듣는다면 "그런 일이 있었구나", "점원이 완전 퉁명한데다 30분이나 파스타가 안 나왔으니 그건 정말 짜증나는 일이지. 엄청 불쾌했겠네" 하고 먼저 친구에게 공감합니다.

2. 인간은 어느 누구나 불완전함을 깨닫는다.

    '인간은 모두 불완전하다'라는 걸 알고 있다면 "누구라도 짜증나는 게 당연하지", "정말 화가 많이 나는 게 당연해" 하고 말합니다. 친구는 그런 말을 들으면 상당히 안심할 거에요.

3. 사실을 단지 있는 그대로 받아들인다.

    경험했던 일을 '있는 그대로!' 빼지도 말고 보태지도 말고 물론 미반하는 일도 없이 있는 그대로 받아들입니다. 그리고 일어났던 일을 있는 그대로 적습니다.
    '일이 많아서 점심시간이 1시간 늦어졌다. 가끔 다니는 가게의 점원이 퉁명스러웠다. 주문한 파스타가 30분 뒤에 나왔다. 그 파스타는 맛이 없었다. 짜증났다'
    이상입니다.

위와 같은 세 가지 스텝이 자애심을 기르는 스텝입니다. 친구에게 일어난 일처럼 받아들이면 객관적으로 볼 수가 있습니다.

그리고, 친구를 다시 자신으로 바꿔 보세요. 자신에게 똑 같은 '파스타 사건'이 일어나면 세 가지 스텝으로 자신에게 다정하고 따뜻한 말을 건네주면 좋습니다. 이미 일어난 일에 대해서 자신이 얼마나 부정적인 감정이 솟아났고 어떠한 생각을 하고 있는지를 스스로 분석해 보세요. '자애심'을 기르는 세 가지 스텝은 자기분석 도구도 되면서 자기자신을 부감적(높은 곳에서 아래를 전체적으로 내려다 보는 것)으로 볼 수 있게 됩니다.

18

피해자와 가해자는
같이 있는 것을
좋아한다

우리들은 앞에서 말씀 드렸던 레스토랑 이야기처럼 스스로 안절부절못하거나 상대방에게 화가 나는 등 수 많은 감정들을 갖습니다. 전혀 바라지도 않았던 일들이 반복해서 일어나기도 합니다. 예를 들어서 아이가 장난을 치면 심하게 꾸짖습니다. 하지만 아이는 다시 똑 같은 일을 반복합니다. 그리고 다시 아이를 꾸짖습니다. 어째서 이렇게 똑 같은 일을 반복하게 되는 걸까요? 거기에는 이유가 있습니다.

아이가 장난을 치면 부모가 꾸짖는 것. 점원이 퉁명스러운 것과 내가 화가 나는 것. 왠지 두 장면이 마치 한 쌍처럼 비슷해 보이지 않습니까?
사실 이것은 명백한 '한 쌍의 OX게임'과 같습니다.
아이는 X, 부모인 나는 O. 점원은 X, 손님인 나는 O.
이와 같은 장면을 '인생의 기본 구조'라고 하며, 전부 네 가지의 유형이 있습니다.

네 가지 기본적인 구조는 어느 것이 좋다거나 어느 것이 나쁘다거나 하지 않습니다. 좋고 나쁨이 아니라 아까와 같은 파스타 사건이 일어났을 때, 이 장면이 어떤 기본적인 구조인가를 알 수 있다면 사람과의 관계의 패턴을 알 수가 있습니다.

자신이 O, 상대방도 O가 되는 것이 베스트이기 때문에 본인의 기본적 구조를 알고 있으면 어떻게 하면 O와 O가 될 수 있는지를 생각할 수 있습니다.
 자신의 기본적 구조를 모른다면 어떻게 하면 O와 O가 되는지를 생각 할 수가 없습니다. 우선은 자신을 아는 것이 무엇보다 중요합니다.

 '자신이 O, 상대방이 X'인 사람과 '자신이 X, 상대방은 O'인 사람과는 O는 지배하는 쪽이고, X는 지배당하는 쪽으로 한 쌍을 이루기 쉽습니다. 이러한 상황을 '공의존(共依存, Co-Dependency, 공동의존)'이라고 합니다. 이것은 누가 좋고 나쁘고가 아닌 각자가 자신들에게 스토리를 무의식적으로 만들게 됩니다.

 아이 시험 점수가 안 좋았을 경우, 어머니가 아이를 꾸짖는 사례를 보겠습니다.
 "또 점수가 이게 뭐니?", "내 이럴 줄 알았다. 왜 이렇게 공부를 안 하는 거니?" 라고 말한다면, '부모인 나는 O, 아이는 X'라는 기본 구조가 발생합니다.
 아이는 이런 말을 들으면 평상심으로는 있을 수 없기 때문에 같은 실수를 반복해서 일으키기 쉽습니다. 부모가 한 말에 의해 셀프 이미지가 결정되기 때문에 '역시 너는 안돼'와 같은 말을 듣게 되면 셀프 이미지는 급격하게 바닥으로 떨어지게 됩니다.

 아이 시험의 좋고 나쁨보다도 중요한 것은 어머니의 자애심을 기르는 것입니다.

'아이 시험 점수가 나쁜 건 충격이야'하고 스스로에게 다정하고 따뜻하게 말을 건네고 '사람들은 모두 불완전하다'는 것을 이해하고 '시험 점수가 몇 점이었다'라는 사실만을 있는 그대로 인식합니다.

어머니의 자애심을 기르는 것으로 아이와의 관계가 좋아지고 '어머니인 자신도 O, 아이도 O'인 최상의 기본 구조로 바꿀 수 있습니다.

① 자신은 O, 상대방도 O
② 자신은 O, 상대방은 X
③ 자신은 X, 상대방은 O
④ 자신은 X, 상대방도 X

		상대	
		O	X
나	O	①	②
	X	③	④

19

자기 자신의 삶을 살 것인가?
희생자로 살 것인가?

여성은 결혼이나 출산 등으로 삶의 환경이 급변하고 그로 인하여 라이프스타일이 바뀌게 됩니다. 결혼하게 되면 집안일을, 출산하게 되면 육아와 가사는 물론 거기에 일도 계속 하는 경우도 있습니다.

  도중에 일을 그만둘 수 밖에 없었던 분, 육아에 전념하기 위해 일을 그만두는 선택을 하신 분도 있습니다. 결혼해서 남편의 직장 사정으로 이사를 간다거나 시부모와 동거라도 하게 되면 자신의 의지와는 관계 없는 나날들의 연속입니다.

  이와 같은 세상에서 '남들에게 맞추는' 여성들이 많다고 저는 생각합니다. 특히, 지금 50대 이상의 여성들은 결혼과 동시에 일을 그만두고 아이를 낳고 가정을 행복하게 하기 위해 살아온, 어떤 의미로는 '정해진 테두리 안'에서 살아 왔습니다. 물론, 100% 모두 그런 것은 아닙니다만, 그것은 자연스럽게 그렇게 되기도 하였고 일부는 스스로 원하기도 하였습니다. 하지만, '남들에게 맞추는 것'들이 자잘하게 쌓이게 되면 이윽고 큰 부담이 되고 어딘지 살아가기 팍팍함을 느끼게 되지는 않을까요?

  예를 들어, 시어머니에게 한 소리 들으면 '내가 잘못했구나'. 상사에게 주의를 들으면 '내가 잘못해서…'하고 생각해 버립니다. 이럴 때 '아, 그렇네요.'하고는 흘려 버리거나 '저는 이렇게 생각합니다.'하고 자기주장을 펼 칠 수도 있습니다. 하지만, '남들에게 맞추는 일'에 익숙해져 버린 사람은 심리학의 '드라마 트라이앵글'로 말하자면 '희생자'가 되어 있는 것입니다. 그리고 그 포지션을 본인 스스로 자리매김한 것을 본인은 알지 못합니다.

'드라마 트라이앵글'에는 '가해자, 피해자, 구원자'의 3가지 포지션이 있습니다. 어느 포지션에 있어도 무의식적으로 각각의 역할을 짊어져 인생이 힘들어집니다. 하지만, 아주 어릴 때부터 계속해서 맡아온 역할이기 때문에 우리들은 무의식적으로 그 역할을 맡은 채 살아 갑니다. 그 삼각형에서 빠져 나오려고 하면 말도 안되게 엄청나게 큰 공포와 죄악감에 휩싸이게 됩니다. 또, 남은 포지션에 있는 사람들도 누군가가 빠져 나가버리면 삼각형이 성립할 수 없기 때문에 빠져 나가려고 하는 사람을 못나가게 잡아 당깁니다.

저는 유소년기에 어머니에 대한 아버지의 가정폭력이 너무 심해서 아버지가 가해자, 어머니는 피해자, 나는 구원자가 되는 삼각형이 만들어져 버렸습니다. 제 나름대로 여러 가지 고민을 하고 중학교 때부터는 뭔가 도와주려고 했습니다만 아무것도 바꿀 수 없다는 거에 줄곧 괴로웠습니다. 그럼에도 불구하고 어머니는 아버지를 좋아했기 때문에 결국 아버지 말을 다 들어줬습니다. 저는 이런 집에 살고 있으면 미쳐버릴 것 같다고 생각하고는 결국 19세에 집을 나와버렸습니다.

제가 집을 나간다고 말 했을 때, 아버지와 어머니는 엄청나게 반대하였습니다. 저 자신도 이런 부모를 놓고 집을 나간다는 것에 죄악감을 갖고 있었습니다. 아직 19살밖에 안되었고 돈도 없기 때문에 도대체 앞으로 어떻게 살 것인가 불안도 있었습니다.

결국, 집을 나와서 좋았다고 생각합니다. 당시에 집을 나오지 않았다면 제 자신을 구원할 수 없었을 것입니다. 삼각형 밖으로 나와 보니, 그 안에 있었을 때에는 알지 못한 것들을 알 수 있었습니다. 그것은 아버지만이 나쁜 사람이 아니었다는 것입니다. 어머니도 아버지를 그렇게 할 수 밖에 없게 만든 것도 있었습니다.

만약 이 책을 보고 계신 당신의 삶이 힘들다고 느낀다면, 한번 자신이 드라마 트라이앵글 속에 있는지 자기분석을 해 보십시오. 예를 들어, 부부싸움을 했을 때에는 항상 마음이 헛헛해져 뭔가를 마구 먹어서 스트레스를 푼다면. 그런 당신의 시선에서 본 드라마 트라이앵글에서는 남편은 가해자, 당신이 피해자, 먹을 것이 구원자가 되어 있을 겁니다. 하지만 거꾸로 남편 쪽에서 보면 당신은 다른 포지션에 있을 수 있습니다. 드라마 트라이앵글 분석은 당신이 지금까지 해왔던 무의식적인 역할에 큰 변화를 일으키는 심리 모델입니다.

20

자기와 타인 사이에
경계선을 만들자

여성은 대부분의 경우, 결혼하면 남성의 성이 되고(※번역자 주 : 일본의 경우) 아이가 태어나면 아이와 함께 많은 시간을 보냅니다. 가정의 일이 자신의 일이고 아이의 일은 어머니인 나의 책임처럼 자신과 그 외의 것들을 확실히 구별하는 것이 어렵게 됩니다. 아이가 어릴 때에는 '모자 일체'여도 아무런 문제 없이 오히려 그 쪽이 애정을 갖고 키울 수 있는 경우가 많습니다. 다만, 아이가 성장함에 따라 아이는 아이, 나는 나처럼 각각의 인격이라는 것을 확인할 필요가 있습니다. 아이와 나 사이에 경계선을 만들어서 적절한 거리를 두는 것이 중요합니다.

다른 사람 것까지 짊어져 버리면 본인은 뭘 하고 싶은지 알 수 없게 되고, 설사 하고 싶은 것이 있어도 행동하기 어렵게 됩니다. 왜냐하면, 자신의 이상과 타인의 이상이 내 머리 속에서 뒤죽박죽 되어 어떤 것이 내 것이고 어떤 것이 타인의 것인지 그 경계선이 애매하게 되어 버리기 때문입니다.

행복한 돈을 벌거나 '싱크로니시티'를 일으키기 위해서는 '적절한 목표 설정'이 필요합니다. 적절한 목표는 자기가 마음 깊이 진심으로 달성하고 싶은 목표 설정이 가장 중요합니다. 하지만, 실제로는 타인의 이상인데 자신의 목표인 것 마냥 무의식적으로 설정되어 있는 경우가 많습니다.

부모의 기대를 짊어지고 좋은 대학을 나와 일류기업에 취직하는 것. 어렸을 때부터 모친이 깔아놓은 레일 위를 걷는 것. 이런 것들이 자신이 원하는 길이라고 굳게 믿고 있습니다. 그것은 자신과 타인 사이의 경계선이 애매한 상황에서 일어나는 것. 좀 더 이야기하면 부모의 기대를 짊어진 결과, 경계선이 애매하게 되어버렸다고 하겠습니다.

아이 때에는 부모와의 경계선이 애매한 것은 어쩔 수 없는 일이지만, 독립하면서 경계선은 명확하게 되는 것입니다. 그것이 예를 들어, 엄마와 아이 둘만 살거나, 삼각형(드라마트라이앵글)을 만들어 사는 경우에는 경계선은 만들어지기 어렵습니다. 경계선을 확실히 구분하지 않은 것이 모나지 않게 살아가는 최적의 선택이었기 때문입니다.

타인의 기대를 짊어지는 것은 그 사람의 평가를 신경 쓰면서 사는 것입니다. 부모가 "니가 착실하게 컸으면 좋겠구나" 라고 이야기하면 무의식적으로 아이는 그 이상을 짊어지고 착실하게 살아가려고 합니다. 어느 사이엔가 자기자신이 착실하다고 생각하면서도 다른 한편에는 그런 자신이 좋아지지 않는 자아도 있는 것입니다.

어떤 여성 고객은 '나는 착실하고 꼼꼼한 인간이다'라고 믿고 있었지만, 실은 그것은 '부모의 기대에 응하려고 했었던 것 뿐이다'라는 것을 깨닫고는 "그로부터 인생이 바뀌었습니다." 라고 이야기했습니다. 그 때까지는 주변도 자신도 스스로를 '착실하고 꼼꼼한 인간이다'라고 믿어 의심치 않았습니다. 하지만, 실제로는 착실하지도 꼼꼼하지도 않다! 라는 것을 깨닫게 된 것입니다.

그 때부터 그녀는 여러 가지 것에 대해서 느긋하게 대충대충 하는 것을 스스로에게 허락하였고, 지금은 인생이 너무나도 즐거워졌습니다. 그녀가 진정한 자신을 찾게 된 순간입니다.

혹시, 지금 당신이 삶의 고달픔으로부터 해방되고 싶다면 누군가의 이상이나 기대를 짊어지는 것을 그만 두십시오. 누군가가 당신에게 무엇을 기대하던가, 당신을 어떻게 생각하는가는 '당신의 이상'이 아닙니다. 지금이야말로 무의식적으로 줄곧 짊어졌던 역할을 버리고 자신이 정말로 좋아하는 것, 마음 깊이 기뻐하는 것을 선택하고 스스로 주인공이 되는 인생을 살아가야 할 때입니다.

이렇게 말해도, 지금까지 타인과의 경계선 없이 살아왔던 분은 갑자기 '내가 좋아하는 것'이라고 해도 자신이 무엇을 좋아하는지 모를 수 있습니다. 우선 명상부터 시작하여 자신의 마음의 소리를 듣고 스스로에게 다정하고 따뜻한 말을 건네 주세요.

21

자신을 따뜻하게
대하는 방법

스킨십의 한 가지인 마사지는 마사지를 받는 사람과 마사지를 하는 사람 양쪽에 모두 힐링 효과가 있는 것으로 알려져 있습니다. '만져주다'라는 행위는 사람의 마음에 편안함을 줍니다. 스스로 본인의 기분 좋은 곳을 만져주면서 따뜻함을 주는 것을 '수딩터치(Soothing Touch)'라고 합니다. 예를 들어, 손바닥으로 뺨을 만지거나 머리를 쓰다듬거나 팔로 자신을 감싸 안거나 손을 무릎 위에 올려놓고 가만히 있습니다. 사람에 따라 기분 좋은 장소나 만지는 방법이 다르고, 좌우 손바닥을 합장하거나 오른손으로 왼 손목을 잡는 등 사람들마다 제 각각이어서 본인만의 감각으로 해보십시오. 이게 왜 좋은지 이유를 물어봐도 설명하기 어려운 뭔가가 있습니다만 그것은 이론이 아니라 감각의 문제입니다. 다양한 곳을 스스로 '수딩터치'해 보고 가장 기분 좋은 곳을 찾아봅니다.

그 다음에는 '수딩터치'를 하면서 스스로에게 다정하고 따뜻한 말을 건네 봅니다. 다정한 말이라고 해도 제각각 다 다르기 때문에 나는 어떤 말을 하면 따뜻함을 느끼는지 다양한 말에서 찾아봅니다. 가슴이 두근두근한다거나 가슴 졸이거나 하지 않습니까? 자신의 감각을 잘 관찰하고 마음속에서 기분 좋게 느껴지는 말을 발견해 보십시오.

"정말 열심히 했어" "괜찮아. 수고했어" "넌 정말 잘 하고 있어" "그래, 이걸로 충분해" 자신에게 다정하고 따뜻하게 말을 건네면서 본인이 기분 좋은 곳을 '수딩터치' 합니다. 자애심을 기르는

데에 정말로 효과적인 방법이기 때문에 꼭 지속적으로 해 보시기 바랍니다.

 자신을 따뜻하게 하는 '수딩터치'를 하면, 그걸로도 기분 좋게 되는 사람도 있고 그렇지 않은 사람도 있습니다. 원래 지극히 자기부정이 강한 사람에게는 '백드래프트(역류)'라는 현상이 일어납니다. 예를 들어, 손바닥으로 뺨을 만지고 있을 때에 그만하고 싶다. 기분이 안 좋다고 하면서 돌연 '수딩터치'를 멈춥니다. 그리고 그런 자신에게 깜짝 놀랍니다. 기분이 좋아지려고 '수딩터치'를 하고 있었는데 이와는 반대로 기분이 나빠지거나 갑자기 짜증이 나거나 하기도 합니다. '이런 것 해봤자 아무것도 바뀌지 않아!' 하는 감정이 솟구쳐 당황하기도 합니다.
 이것은 '수딩터치'에서 흔하게 있는 일이기 때문에 놀라지 않아도 되고 걱정하지 않아도 됩니다. 중요한 것은 기분이 나빠졌을 때 '백드래프트가 일어났구나'하고 스스로 인식하면 되는 것입니다. 그리고 백드래프트가 일어났을 때에 솟아난 감정, 화, 슬픔, 불안, 기분 나쁨 등에 대해서 '이름'을 붙입니다. 예를 들어, '화'라면 '앵그리버드', '불안'이라면 '뻐꾸기'처럼 말이죠.

 다음에 '앵그리버드'는 몸의 어느 쪽에서 느낍니까? 가슴, 배, 머리 뒤쪽, 어깨… 어느 쪽도 괜찮으니 자기의 감정이 느껴진다고 생각하는 곳을 가볍게 터치 해 봅니다. 그 곳은 어떤 상태입니까? 굳어 있다. 뜨겁다. 차갑다. 아니면 아플 수도 있습니다.

가슴에서 차갑다고 느껴지는 '앵그리버드'에게 다정하고 따뜻하게 말을 걸어봐 주세요. 예를 들어, '무척 화가 나 있구나'하고 말을 걸어 봅니다. '화가 났구나'하고 반복해서 이야기 하는 사이에 점차 화가 누그러져 갑니다. '앵그리버드'를 받아들이는 게 중요하기 때문에, 화가 나 있는 상태라면 '괜찮아'하고 달래지 말고 '화가 났구나', '무척 슬프구나'하고 공감을 반복합니다. 그렇게 하면 평온한 기분이 되면서 누그러집니다. 안정되었다면 의식을 호흡에 집중하고 이번에는 호흡하고 있는 감각을 느껴 보세요.

'수딩터치'는 기분이 좋아지는 사람도 있지만 기분이 나빠지는 사람도 있습니다. 기분이 나빠졌을 때에는 이와 같이 자신의 감정에 공감하고 스스로에게 다정하고 따뜻한 말을 건네 주세요.

22

돈을 불러들이는
'진정한 자신감'

진정한 자신감을 갖기 위해 '자애심을 기르는 방법'에 대하여 요점을 정리하였습니다.

자애심을 기르기 위한 3가지 스텝
1. 자신에게 다정하고 따뜻한 말을 건넨다.
2. 인간은 모두 불완전한 존재임을 안다.
3. 사실을 있는 그대로 받아들인다.

자기비판에 대한 대처

남의 말에 휘둘리는 사람은 누군가에게 비난이나 비판을 받았을 때, 그 사람과 똑같이 스스로 자신을 비난하고 비판하게 됩니다.
〈 A씨 "너 도대체 뭐 하는 거야?" + 나 "나는 역시 안돼" 〉
쌍으로 스스로를 비난하고 비판합니다.
있는 그대로 받아들일 수 있게 되면,
〈 A씨가 "너 도대체 뭐 하는 거야? 하고 말하고 있네" 〉 하는 사실만 있는 것입니다.

자기 분석을 한다

점심을 먹으러 들어간 가게 점원이 퉁명스럽고 주문한 파스타가 나오는데 30분이나 걸린데다 맛도 없다. 어느 누구라도 기분이 나쁘고 화를 낼 수 밖에 없는 상황에서 어떤 부정적인 감정이 솟아났는지 어떤 사고를 하게 되었는지 자기분석을 해 봅니다.

기본적 구조

'이 세상에서 뭐가 OK이고 어떤 것이 NG인가'를 파악하는 '사람과 현상의 포착방법'을 분석하는 심리학에서는 이를 '구조'라고 부르며, 이것이 인생에 대한 기본적인 구조가 됩니다. 자신의 기본적 구조 패턴을 알게 되면 '상대는 O, 나도 O'라는 최적의 상태를 만들기 위해 어떻게 하면 좋을지를 생각 해 낼 수 있습니다.

자신을 따뜻하게 대하는 방법

'수딩터치'라는 방법으로 기분이 좋아지는 곳을 스스로 터치히면서 스스로에게 다정하고 따뜻한 말을 걸어 봅니다. 자신에게 다정하게 하고 있는데도 안절부절못하거나 불안하게 되는 등 백드래프트 현상이 일어난 경우에는 그런 자신을 단지 인식하면 됩니다. 그리고 자신에게 다가가 호흡을 느끼면서 스스로를 다잡아 봅니다.

자애심이 길러지지 않았다면 설령 일에서 성공을 했다고 하더라도 행복함을 느끼지 못할 경우가 있습니다. 저 자신도 일이 성공하여 수십억의 돈을 벌었음에도 불구하고 일에서도 개인적으로도 전혀 행복을 느끼지 못하고 모든 것이 정체해 있었습니다.

눈 앞의 욕구나 돈 만을 위한 목표는, 설정하더라도 도중에서 열정이 떨어지거나 행동이 멈춰 버립니다. 특히, 회사를 경영하는 입장이 되면 회사는 혼자서는 꾸려 나갈 수가 없고 반드시 사람들과 함께 일하지 않으면 안됩니다. 자애심이 길러지지 않았던 저에게는 인간관계에 상당한 어려움이 일어났습니다. 경영자에게 요구되는 가장 중요한 능력은 '경영 이념(목표)'이라고 저는 생각합니다. 경영 이념은 미사여구를 총동원하여 세운 깃발이 아니라 경영자의 근본적인 인생관, 인간 됨됨이가 투영된 명확한 비전을 갖는 것이 필수입니다. 그것은 사장 본인의 자애심의 깊이가 투영된 것이라고 생각합니다.

일련의 흐름을 정리하여 설명했습니다. 모든 토대는 무엇보다도 '자애심을 기르는 것' 입니다. 왜냐하면, 자애심을 기르면 일에서도 사적으로도 잘 될 것이며 행복한 돈을 끌어 모을 수 있기 때문입니다. 자애심을 기르고 진정한 자신감이 붙으면 정말로 수 많은 것들이 끌려 들어 오기 시작합니다.

'자애심 기르기' 체험담

'자애심 기르기'를 생활에서 실천한 '요시다 게이코'씨의 체험담을 소개합니다.

1. 부정적인 일

지금 생각해 보면 웃길 정도로 사소한 것에서 시작하였습니다.
남편이 '오코노미야키'를 자기 맘대로 만드는 것에 푹 빠져서 자기가 좋아하는 소스를 샀는데도 불구하고, 제가 정말로 아끼는 소스만 사용하고 있었습니다. 제 소스가 똑 떨어져서 "왜 내 소스만 사용하는 거야? 당신이 산 거 사용하면 되잖아?" 했더니, 남편은 "왜 그런 일로 난리인지 모르겠네. 그깟 소스 가지고 네 것 내 것 구분할 필요가 없잖아" 합니다.

2. 자애심을 기르는 3가지 스텝

1) 스스로에게 따뜻하고 다정한 말을 건넨다.

"이건 당연히 화가 날만 하죠. 요리도 못하는 남편에게는 어떤 소스도 똑같겠지만, 간사이 출신(※번역자 주 : 오사카를 중심으로 하는 간사이 지방이 일본의 다른 지역보다 음식이 맛있다는 평가가 있습니다)인 저에게는 저만이 쓰는 소스들이 있거든요. 내 소스를 맘대로 쓰니 기분이 나빠졌습니다."

2) 인간은 누구나 불완전함을 안다.
   어느 누구라도 소유물이나 소중한 것을 남이 맘대로 사용하면 기분이 나빠집니다.
3) 사실을 있는 그대로 받아 들이기
   - 남편이 내 소스를 맘대로 사용했다.
   - 남편의 '왜 그런 일로 난리냐'는 말이 내 가슴속에 비수처럼 꽂혔다.
   - 울고 싶은 기분이 되어버렸다.

3. 인생의 기본적인 구조에 대한 자기 분석

언뜻 보면, '나는 O, 상대방은 X'지만, '왜 그런 일로 난리냐'는 남편의 말로 맘 깊은 곳에 '이 정도 일로 이런 태도를 취한 나는 X'라고 자책하였습니다.

4. 자기 분석을 통해 얻은 성찰

남편의 '왜 그런 일로 난리냐'는 말에 왜 그렇게까지 격하게 반응했을까 하고 생각해 보면 유소년기에 느꼈던 기억이 떠올랐습니다. '모두 나를 하찮게 보고 있어. 어쩔 수 없는 인간처럼 부당하게 취급하고 있어'

라는 마음의 외침이었습니다. 여기서 모두란 부모님이나 학교에서 나를 괴롭혔던 사람들입니다.

격한 반응에 숨겨져 있던 진짜 감정은 '슬픔'이었음을 자기 분석으로 알게 되었습니다. 그리고, '수딩터치'를 하면서 방울방울 눈물이 맺혔고, 부당하게 대우 받았던 내 자신이 불쌍하게 생각되었습니다. "괜찮아, 괜찮아. 나만은 내 편이야" 수딩터치'와 다정하고 따뜻한 말을 반복하면서 마음은 따뜻하게 되었고 점점 안정이 되었습니다. 남편의 '왜 그런 일로 난리냐'는 말에 느꼈던 감정은 과거의 마음의 절규가, 형태를 바꿔서 나타난 거라는 걸 알아 차린 것은 커다란 발견이었습니다.

후일담입니다. 남편이 산 소스는 줄곧 맛 없다고 생각하고 있었습니다만, 어느 날 오코노미야키에 남편의 소스를 사용해 보니까 너무 맛있어서 깜짝 놀랐습니다.
그리고, 내 편견의 강도와 견고함에 스스로 한바탕 웃었습니다. 그것은 조소가 아니라 따스한 웃음이었습니다.

제4장

돈의 심리학 레슨 '싱크로니시티'를 일으키자

23

'싱크로니시티'란?

싱크로니시티(Synchronicity)라는 말은, 관련된 복수의 것들이 서로 끌어당기는 것처럼 우연하게도 같은 타이밍에 일어날 때에 '싱크로다!'라고 합니다. 필요한 타이밍에 필요한 사람들과 인연이 이어지거나 필요한 정보를 얻게 되었을 때에 '싱크로니시티가 일어났다'라고 이야기합니다.

'싱크로니시티'라고 하면 뭔가 정신적인 것으로 느끼는 분들도 있습니다. 제가 이번 장에서 말씀드릴 '싱크로니시티'는 우연이나 행운과 같은 추상적인 내용이 아닙니다. 조건만 갖추어진다면 누구라도 실현 가능한 것이기 때문에 흥미진진하게 읽어 주십시오.

'싱크로니시티'를 한글로 하면 '공시성(共時性) = 의미가 있는 우연의 일치'입니다. 여기서 중요한 것은 '의미가 있는' 입니다. 예를 들어서 '이런 비즈니스 파트너가 있다면 일의 폭이 넓어져 여러 가지 일들이 가능할텐데'라고 생각하고 있는데, 정말로 그런 사람이 나타나서 차츰 차츰 비즈니스가 확장되어 가는 것과 같은 경험이 몇 번 정도 있습니다. 그런 일이 왜 일어날까요?

세계 정상의 리더나 성공한 사람들은 모두 입을 모아 "저는 운이 정말로 좋았습니다." "이렇게까지 우연한 행운이 연속했을 뿐입니다." 라는 말들을 자주 합니다. "너무나도 궁핍해서 생활은 밑바닥이었지만 우연히 어떤 일을 계기로 그 때부터 계속해서 여러 가지 일들이 일어나면서 지금처럼 되었습니다." 라고 말합니다. 결국, 이것은 '싱크로니시티'의 경험을 이야기합니다. 본인들은 '우연에 우연이 겹쳐서 일어났다'라고 가볍게 넘기는 정도입니다.

하지만, 그런 우연이 반복해서 일어나는 사람과 일어나지 않는 사람. 왜 양자가 있는 걸까요? 성공하는 사람에게는 계속해서 '싱크로니시티'가 일어나고 성공하지 못하는 사람에게 '싱크로니시티'는 일어나지 않습니다. 그것은 어째서일까요?

사실은, '싱크로니시티'가 좋은 형태로 일어나기 위한 '조건'이 있는 것을 발견했습니다. '싱크로니시티'가 일어나는 데에는 두 가지의 조건이 있습니다.

1. **정확함 인지**
2. **적절한 목표 설정**

첫 번째가 '인지'입니다. '싱크로니시티'는 '의미가 있는 우연'이라고 앞에서 말씀드렸습니다만, 의미를 붙이는 것은 다른 사람이 아닌 바로 나 자신입니다. '일어난 일을 어떻게 받아들일까' 그것을 뇌 과학이나 심리학에서는 '인지'라고 부릅니다. 뒤틀리지 않는 인지를 갖고 있는 사람이 '싱크로니시티'를 일으키기 쉽습니다. 인연이나 정보를 기회로 받아들여 살리는 것이 가능하면 '싱크로니시티'가 일어나기 쉽고, 기회로 받아들이지 못하면 단순히 우연으로 끝나버리게 됩니다. 눈 앞의 기회를 놓치지 않고 필요한 타이밍에 행동을 일으키는 것이 '싱크로니시티'를 일으키는 열쇠가 됩니다.

'목표'란 미래에 '이렇게 되고 싶다', '이런 식으로 인생을 보내고 싶다'라는 설정입니다. 목표를 설정한 순간에 그 목표를 달성하기 위한 정보들이 계속해서 들어오게 됩니다. 이것을 '단순한 우연'으로 착각하기 쉽습니다만, 목표를 설정하면 무의식적으로 목표에 대한 정보를 뇌가 찾기 시작하기 때문입니다.

'운이 좋다', '타이밍이 좋다' 그리고, '우연이 겹쳐서 운이 좋았다'는 것은 스스로 충분히 가능하게 할 수 있는 것입니다. '싱크로니시티'는 눈에 보이지 않는 당신의 지성(知性)입니다.

24

'싱크로니시티'가 일어나는

첫 번째 조건

'올바른 인지'

'올바른 인지'란 자애심을 기르는 3가지 스텝의 세 번째, '지금 눈 앞에 일어난 일을 있는 그대로 받아들이는 것'입니다. 있는 그대로 받아들이지 않는 것을 '인지의 뒤틀림 현상'이라고 합니다. 과거의 여러 가지 체험을 통해 확신이 강해 지고, 일어난 일에 본인 독자적인 의미를 붙여서 뒤틀린 상태로 받아들입니다.

예를 들어, 아버지가 바람이 나서 집을 나가 버려서 유소년기부터 어머니에게 "남자는 다 변변치 못해" 라는 말을 들어왔다고 하면, '남자는 바람을 피우는 존재다'라는 인지가 형성되어 버립니다. 하지만, 현실은 세상 모든 남자가 바람을 피우는 것은 아닙니다. 그것이 바로 '인지의 뒤틀림'입니다. 또한 '남자는 바람을 피우는 존재다'라고 무의식적으로 생각하고 있기 때문에 어떤 사람과 만나도 남성을 그런 시각으로 보게 됩니다.

'인지 뒤틀림'은 제 2장에서 말씀 드렸던 인생의 기본적 구조와도 관계가 있습니다. 예를 들어, '나는 X, 타인도 X'라는 구조를 갖고 있는 사람은 무의식적으로 본인이 미움을 받도록 행동하고 자신의 신념인 '나는 X, 타인도 X'를 현실화 하려고 합니다.
'남자는 바람을 피우는 존재다'라는 신념을 갖고 있는 사람의 기본적인 구조는 '나는 X, 남자도 X'가 되어 있는 경우가 많아서, 표면적으로는 "이번에야 말로 행복한 연애를 하고 싶어!" 하고 염원하고 있어도 실제로는 상대로부터 미움 받고, 상대가 자신에게서 멀어져 가는 행동을 무의식적으로 반복합니다. 그리고 그것이 현실이 되면 "그것 봐, 역시 남자는 바람을 피우잖아." "역시 나는 사랑 받을 수 없는 인간이었구나" 하면서 자신이 강하게 생각하고 있는 세계를 스스로 입증하고 납득합니다. 게다가 거기에 더하여 편견을 더 강화해 가는 것입니다.

이와 같이 우리들의 인생은 무의식적인 편견(인지)에 의해 만들어집니다. 만약 지금 당신의 인생이, 바랬던 형태로 되지 않았다고 한다면 그것은 무의식 영역에 본래의 희망과는 다른 강한 편견(신념)이 들어와 있기 때문입니다.

우리들의 인생은 자신이 스스로를 어떻게 받아들이고 있는지로 결정됩니다. 예를 들어서 '나는 돈과는 인연이 없어'라는 강한 편견을 무의식적으로 갖고 있는 사람은 엄청난 돈이 들어 오는 정보를 얻더라도, 놓쳐 버립니다. '나는 돈과는 인연이 없는 사람이기 때문에 돈을 버는 정보 따위는 필요 없어'라고 뇌가 판단해 버리기 때문입니다.

셀프 이미지(자신에 대한 인지, 편견)는 수입으로 직결하고 당신의 인생에 커다란 영향을 끼칩니다. 그렇기 때문에 자애심을 높이는 일이 무엇보다 중요합니다.

같은 일이 일어나더라도 풍요롭게 되는 사람과 그렇게 되지 못하는 사람이 있는 것은 '자애심이 높은가 낮은가의 차이'라고 해도 과언이 아닙니다. 자애심이 높은 사람은 '뒤틀림이 없는 중립적인 인지'를 가지며, 자신이나 타인을 낮추는 말을 사용하지 않습니다. 결과적으로, 유익한 정보나 응원해 주는 사람이 차츰차

즘 모여들어 풍요롭게 됩니다.

  1969년, 미국 3M에서 강력한 접착제를 연구하고 있던 연구원이 간단하게 떨어져 버리는 접착제를 만들었습니다. 다른 연구원이 그 실패작을 "찬송가의 책갈피로 사용하면 어떨까?" 하고 말하면서 부전지로 제품화하게 되었습니다. 바로 '포스트잇'의 탄생 일화입니다. 만약 그것을 단순한 실패작으로 받아들였다면 '포스트잇'은 세상에 빛을 보지 못했을 것입니다.

  모든 사람들에게 현실적으로 같은 일들이 일어 나고 있는 세상에서 어떻게 하면 '싱크로니시티'를 일으켜서 의미가 있는 우연을 만들어 갈 수 있을까요? 어떻게 하면 그런 현상들을 일으킬 수 있을까요? 그것은 일어난 일을 있는 그대로 받아들이는 정확한 인지와, 기억에 의해 형성된 신념과 깊은 관계가 있습니다.

25

'싱크로니시티'가 일어나는
두 번째 조건
'적절한 목표 설정'

'싱크로니시티'가 일어나는 조건 두 번째는 '적절한 목표 설정'입니다. 목표하는 방향이 명확하지 않으면 '싱크로니시티'는 일어나지 않습니다. 목표에 의식을 집중할 때 비로소 필요한 정보나 인연이 필요한 타이밍에 나타납니다.

사람은 일어난 일이나 눈 앞의 정보를 전부 취하는 것이 아니라 취할 것과 버릴 것을 뇌가 취사선택합니다. 전부 받아들인다면 뇌는 펑크가 나 버릴테니까요. 정보가 눈 앞에 흘러들어 왔을 때, 자신의 목표가 명확하다면 자신에게 필요하고 중요한 정보를 취할 수 있습니다.

필요한 정보를 취사선택하는 단계에서 사물을 인식하는 방법이 중립적이라면 목표 달성을 위한 중요한 정보를 캐치할 수 있어서 '싱크로니시티'가 일어납니다.

어떤 목표라도 좋다는 것이 아니고 '적절한 목표 설정'이 중요합니다. 적절하다는 것은 어떤 것일까요? 예를 들어 제 비즈니스 컨설팅을 받는 분들에게 "매월, 얼마나 저축하고 싶으세요?" 하고 물어보면 "월 500만원이요!" 하는 답이 자주 나옵니다. 그리고 계속해서 "그 500만원을 어떻게 사용 하실려구요?" 하고 물어 보면, 대부분이 명확한 답을 갖고 있지 않습니다. 자신이 정말로 하고 싶은 것을 알지 못하고, 사회에서 평가 받는 것이나 가족이나 주변 사람이 기뻐할 것 같은 것들을 목표로 정하고 있기 때문입니다. '이건 내 진짜 꿈이 아니야'하고 인지하고 진짜 꿈을 원하는 사람도 있다면, 무의식적으로 누군가의 꿈이 자신의 꿈으로 바뀌어져 있는 사람도 있습니다. 스스로의 마음으로부터 원하는 목표를 발견하는 것은 정말로 쉽지 않은 일입니다.

소프트뱅크의 손정의 사장이 회사 설립 첫 날에, 귤 박스를 쌓아 만든 테이블 앞에서 "나는 이 회사를 두부집에서 두부 세듯이 10조, 20조하고 셀 수 있을 정도로 돈을 버는 회사로 만들겠어" 하고 2명의 사원에게 공표하자, 두 사람 모두 다음주에 회사를 그만뒀다는 이야기는 유명합니다. (※번역자 주 : 일본에서 두부 세는 방법은 1조(丁), 2조로 금액 단위의 1조(兆)와 똑같이 발음합니다) 하지만 손사장이 그 당시에 말했던 비전은 현실이 되었습니다. 그렇다면 왜 현실이 되었을까요? 그것은 손사장이 '디지털 정보 혁명을 일으키자!'하고 이미 마음 속에 정했기 때문입니다. 비즈니스로 성공하는 사람의 목표는 돈을 벌기 전에 이미 확고한 생각이 있는 것입니다.

돈에 대한 인식(인지)은 수입과 직결됩니다. "당신에게 돈은 중요합니까?" 하고 물었을 때, "중요합니다." 하고 대답한 사람과 "중요하지 않습니다." 하고 대답한 사람의 20년 후를 비교한 결과가 있습니다. "중요합니다." 라고 대답한 사람 쪽이 20년 후의 경제 레벨이 올라간 것은 말할 필요도 없습니다. 목표 설정으로 중요한 것은 자신이 진짜로 원하는 것을 부정하거나 대충 대충하지 않는 것입니다. 목표에 대해서 다른 누군가에게 이러쿵 저러쿵 말할 필요도 없습니다. 협력자가 나타날 수도 있지만, '드림 킬러 (Dream Killer, 당신의 꿈을 부정하는 사람)'가 나타날 가능성도 커지기 때문입니다.

'목표'는 앞으로 어떻게 할 것인가, 어떤 식으로 인생을 보낼 것인가 하는 미래의 풍경입니다. 성공하고 있는 사람은 미래에서 지금으로 시간이 흐르고 있어서 과거를 결과로서 받아들입니다. 당신은 미래가 결과라고 믿고 있습니까? 하지만, 그렇게 받아들이고 있다면 앞이 막혀 버릴 수 있습니다. 돈을 벌고 싶다면 과거를 결과로서 받아들여 주세요.

적절한 목표 설정과 뒤틀림 없는 인지. 이 두 가지가 있어야 '싱크로니시티', 의미 있는 우연의 일치가 일어납니다.

26

'반드시 달성하는'
목표 설정 4가지 법칙

'싱크로니시티'가 일어나는 두 번째 조건은 '적절한 목표 설정'입니다. 목표를 달성하기 위해서는 '목표를 달성했을 때의 모습'을 생생하게 묘사하는 것이 좋다고 알려져 있습니다만, 이미지화 하는 것만으로 만족해 버린다면 실제로 행동하려고 하지 않고 제대로 일이 진척되지도 않습니다.

목표 설정에서 중요한 것은 '임장감(臨場感, Presence, 심리학 용어로 실제로 그 자리에 있는 것 같은 느낌)'입니다. 얼마나 '임장감 있는 목표'를 설정하는 것이 목표까지 도달할 수 있는지 없는지를 결정하게 됩니다.

'임장감'이 드러나기 위해 필요한 포인트는 네 가지 입니다.
1. **언어**(Words)
2. **영상**(Picture)
3. **감정**(Emotion)
4. **종이에 적기**

'임장감'을 높이기 위해서는 종이에 적는 목표의 설정이 '구체적'이어야 합니다. 예를 들어, '하와이에 가족 여행을 가고 싶다'만 적어서는 '임장감'이 올라가지 않습니다. 하와이의 경치나 가족이 그 장소에 있는 것 같은 한 장면이 영상처럼 보여질 정도로 구체적으로 적습니다. 있는 장소, 보이는 경치, 날씨, 기온, 바람, 냄새까지 있다면 더욱 좋습니다. 그 장면에서 당신은 무엇을 어떻게 생각하고 있는지, 어떤 감정이 느껴지는지 까지도 표현할 수 있다면 최상입니다.

또한, 목표는 '스토리'로 쓰는 것을 추천합니다. 저 같은 경우에는 미야자키에 갔을 때 미야자키가 너무 좋아져서 집에 돌아갔을 때 다음과 같은 목표를 설정하였습니다.

"나는 미야자키 아오지마의 바다에서 매일 아침 해가 떠오르는 것을 볼 수 있는 높은 건물의 단독주택으로 이주해서, 넓은 거실에서 명상 라이브를 하고 있으면 하늘이 조금씩 밝아지면서 새의 지저귐과 함께 바다에서 새빨간 태양이 올라 온다. 명상을 끝내고 나면 '이렇게 아름다운 경치가 있을 줄이야' 하면서 온라인으로 보고 있는 모든 사람과 함께 감동하면서 다 같이 아침 해를 보고 있다. 내 심장은 기쁨과 감동으로 떨리고 있다."

이것은 제가 실제로 종이에 적었던 문장 그대로입니다. 스토리라고 해도 몇 줄 정도 적는 것만으로 충분합니다. 이 단순한 몇 줄의 문장이, 목표를 달성할 수 있는 최강의 내 편이 되는 것입니다. 매일 아침 이 문장을 읽고 있으면 '임장감'이 엄청나게 올라갑니다.

노트북이나 핸드폰에 입력하거나 컴퓨터 화면에 사진을 붙여 놓는다거나 하지 않고, 역시 최강은 '직접 손으로 종이에 적는 것'입니다. 손을 움직이는 동작은 키보드를 타이핑하는 동작보다도 뇌에 많은 자극을 주는 것으로 알려져 있습니다. 그 종이를 소리 내어 읽으면 자신에게 말하는 것이 되어 행동은 너욱 바뀌게 됩니다. 무의식의 영역이 바뀌면 스스로도 변화를 실감

할 수 있게 됩니다.

"다이어트를 해야 하니까 내일부터 식사제한을 하겠습니다!" 하고 선언해도 작심삼일로 끝나버리는 것은 '목표의 임장감' 보다도 지금 현실의 눈 앞에 일어나고 있는 것들에 대한 '임장감'이 훨씬 높기 때문입니다. 하지만, '미래의 임장감'이 현실보다도 압도적으로 올라가면 사람은 미래를 향해서 행동합니다. 현실에 위화감을 느끼게 되는 '인지적 부조화'가 일어나서 미래를 향해 행동하지 않으면 안되게 됩니다. 예를 들어, 비키니를 입고 하와이에서 헤엄치는 자신 쪽이 지금 방안에서 치킨을 먹고 있는 현실보다도 '임장감'이 확 올라간다면 그 현실에 위화감을 느껴 미래를 향해 행동하게 되는 것입니다.

당신의 목표는 어떤 것입니까? '임장감' 있는 목표를 4가지 법칙으로 종이에 써 보세요.

27

목표 달성 전에
왜 주저 않는가?

달성하고 싶은 목표를 4가지 법칙으로 종이에 적고 목표를 향해 나아가기 시작하더라도 도중에 주저 않는 경우가 있습니다. 예를 들어, 중요한 순간에 아이가 아프다거나 다쳐서 보살핌이 필요하게 되거나, 절대로 해서는 안 될 때에 지각해 버리거나 합니다. 그럴 때에는 실제로는 목표 달성을 회피하려고 하는 마음이 무의식적으로 작동하기 때문입니다. 하고 싶은 마음도 있습니다만, 회피하려는 마음이 더 높은 것입니다. 이것은 아주 평범한 일이며 의지가 약해서도 운이 나빠서도 아닙니다.

　우리의 뇌는 역시 변하고 싶지 않은 것입니다. 변하지 않아도 충분히 살 수 있기 때문입니다. 신체에서 가장 중요한 것은 '안전하게 사는 것'입니다. 그렇기 때문에 뇌는 꼭 변해야 한다고 생각하지는 않습니다. "그럴리가 없습니다. 반드시 목표에 도달하고 싶습니다." 하고 생각하고 있겠지만 무의식적으로 그만두고 싶은 힘이 작동합니다.

　'가족 여행으로 하와이에 가고 싶다'라는 목표를 설정하고 아까와 같이 스토리로 구체적으로 종이에 적어 매일 읽었다고 해봅시다. '하와이 가족 여행'을 하기 위해서는 지금의 자신을 바꾸지 않으면 달성할 수 없습니다. 예를 들어, 국제선 비행기를 예약하거나 미국 비자를 취득하거나 여권도 신청하러 갈 필요가 있습니다. 지금까지처럼 평범하게 생활하다가 갑자기 그런 귀찮은 일들을 하려고 생각하면 시간을 만들기 위해서 생활리듬을 바꾸거나 계획을 세우거나 하지 않으면 안됩니다. 현재 생활에

불만이 있다고는 해도, 하와이에 꼭 가지 않더라도 이게 목숨이 걸린 일이 아니기 때문에 '바뀌고 싶지 않다'는 것이 본능입니다.

 하지만, 인생을 보다 좋은 방향으로 만들어 가기 위해 '임장감 높은 목표'를 설정하고 매일 읽는 것을 계속 하는 것입니다. 그렇게 하다 보면 뇌 자체의 설정이 바뀝니다. 뇌의 설정을 바꿔놓지 않으면, '바뀌고 싶지 않다'는 무의식이 활동하는 것만으로 도중에 그만두게 됩니다.

 목표라고 하는 것은 고무줄과 비슷합니다. 왼손으로 고무줄 끝을 잡은 다음에 오른손으로 다른 끝을 잡고 위로 쭉 늘려 보십시오. 엄청난 저항을 받게 되죠. 거기에서 왼손을 놓게 되면 왼손에 잡고 있던 고무줄 끝이 순식간에 위 쪽으로 날라갑니다. 바로 이 것이 목표에 도달하기 위한 수순입니다. 저항을 받으면서 오른손으로 잡아 당기고 왼손을 놓으면 목표로 가게 됩니다. 왼손으로 잡고 있던 고무줄을 놔 버리는 것은 변하고 싶지 않은 자신을 버리는 것입니다.

 왼손을 놓아 버리고 계속 그 상태로 있게 되면 고무줄은 그냥 오른손에 매달려 있기만 합니다. 고무줄이 덜렁덜렁 매달려 있을 때는 목표를 갱신하는 타이밍입니다. 오른손 가까이에 있는 고무줄은 목표에 가까워졌기 때문입니다. 그렇기 때문에 오른손 위치를 좀 더 높은 곳으로 올리는 것처럼 목표를 갱신할 필요가 있습니다.

비즈니스에 이익을 지금의 세 배 정도 내고 싶다는 목표는 지금 자신의 범위내입니다. 지금의 자신과는 완전히 동떨어져 생각하고, 스스로도 깜짝 놀랄만한 엄청나고 커다란 목표를 그리는 것이 필요합니다. "창업에는 예전부터 흥미가 있기도 하고 성공하게 되면 수입이 다섯 배나 되는 일도 있다. 하지만 그렇게 하는 것은 아무래도 엄청나게 무리니까 우선은 조금이라도 연봉이 높은 B사에 이직을 하는 목표를 세우자" 이런 식으로 생각해버리는 것이 인간입니다. 하지만, 이래서는 당신의 사고도 행동도 현재와 별반 다르지 않게 됩니다. 그 결과, 얻을 수 있는 정보도 지금과 비슷하기 때문에 당신의 인생이 바뀌는 일은 없습니다.

　지금보다도 역량을 올리고 싶다면 지금의 단계에서는 달성방법을 도저히 알지 못하는 '엄청나고 커다란 목표'를 설정 해 보십시오.

28

풍요로움의
잠재능력을 끌어내는
'엄청난 목표' 설정 방법

'엄청난 목표'를 설정하려고 해도 "달성할 방법을 모르겠어. 도저히 상상조차 할 수 없는 목표라는 것을 도무지 상상도 할 수 없고 내 사고의 범위 밖에 있어" 하면서 설정하지 못 하는 사람도 상당수 있습니다. 어떻게 해야 자신의 사고 범위를 넘어서는 엄청난 목표를 설정 할 수 있을까요?

제 수강생 중에 전업주부가 한 분 계십니다. 그 분의 당초 목표는 '코칭을 배워 축구선수를 꿈꾸는 아이를 최대한 도와준다'였습니다. 하지만, 세미나를 받고 2개월 뒤에 그녀의 목표는 완전히 다른 것이 되었습니다. '수채화가가 되어 개인전을 열고 자신의 작품을 판매하겠다'가 되었습니다.

그녀는 그 때까지 그림을 그리는 일 같은 것은 해 본적도 없고 그림을 그리는 취미조차 없었습니다. 하지만, 세미나워크를 했을 때, '어렸을 때, 그림 그리는 것을 좋아했다'는 것을 문득 생각해 내었습니다. 가벼운 기분으로 그림을 그려보니, 상상 이상으로 두근거리는 자신에게 깜짝 놀라게 되었고 바로 '목표 설정 변경'. 그렇게 하자 이어서 '싱크로'가 일어나기 시작했습니다. 예를 들어, 사사를 받으려면 절대로 'A선생님'이라고 생각했던 선생님의 회화교실에 딱 한자리의 공석이 생겨서 참석을 하게 된다거나 개인전에 안성맞춤인 갤러리를 소개해 주는 사람이 나타나는 등. 그리고 1년 후에 그녀는 개인전에서 수 많은 팬이 자신의 작품을 구매해주는 꿈을 실현했습니다.

혹시 당신의 머리에 허울뿐인 목표밖에 떠오르지 않는다고 해도 괜찮습니다. 지금부터는 '엄청난 목표'를 설정하는 방법을 말씀 드리겠습니다.

이해하기 쉽게 저의 '미야자키 이주 이야기'를 해보겠습니다. 저는 미야자키를 처음 방문하고, 단 삼 개월 만에 희망했던 곳으로 이사를 했습니다. 하지만, 목표와는 다른 부분이 몇 가지 있었습니다. 주거는 단독 독채가 아닌 고층아파트, 해변이 아닌 강변이 되었습니다. 해변 쪽은 아무리 찾아봐도 마땅한 게 없었습니다. 언젠가는 나오지 않을까 생각하고 있습니다. 그리고, 지금 사는 곳에서는 아침 햇살 뿐만 아니라 일출과 일몰을 모두 볼 수 있습니다. 이것은 저에게 있어서는 아주 기쁜 착오였습니다.

약간의 차이는 있습니다만, 단지 삼 개월 만에 거의 이상적인 장소를 찾을 수 있었던 것은 왜 일까요? 그것은 제가 엄청난 목표를 그리고 있었기 때문입니다. 저는 미야자키 이주 목표 이외에도 한 가지 더 상위 목표를 설정하고 있었습니다.

'미야자키에 이주 하는 것'은 저에게 있어 그렇게까지 어려운 목표는 아니었습니다. 저는 온라인으로 일을 하고 있기 때문에 수입은 어디에 있어도 발생할 수 있고, 부부 둘 뿐인 생활이어서 아이들 학교를 염려할 필요도 없기 때문입니다. 이주하는 방법은 머리로 생각하면 충분했구요. 따라서, 저는 '미야자키의 이상적인 주택으로 이사 한 뒤, 5년이 지난 나의 모습'을 이미지화 해서 그 때의 나라면 어떤 세상에 있게 될까? 하고 생각해 보았습니다. 그것은 다음과 같습니다.

 "하와이 마우이섬에 리트리트 시설(Retreat 시설 : 일상생활에서 벗어나 자기만의 공간 또는 인간 관계에 잠기는 생활이 가능한 공간)을 만든 나는 지금, 피카케꽃(하와이 토종 꽃)이 피고 수 많은 새들이 나무 사이를 날아다니는 정원에서, 바다에서 떠 오르는 아침 해를 바라보면서 남편과 함께 신선한 과일이 가득한 아침을 먹고 있다. 지금 내가 가장 관심을 갖고 있는 테마는 아름다움과 건강. 나 자신을 실험대상으로 해서 명상과 훈련을 통해 나이 먹음과 함께 진화, 성장하는 고연령자의 능력 연구를 한다"

 어떻습니까? 엄청난 목표를 설정할 때에는 꼭 이와 같이 자신이 생각하고 있는 것 중에 가장 큰 목표를 만들고 '설정한 목표를 이미 달성한 시점'에서 그리고 그 목표를 4가지 법칙에 맞춰서 스토리를 적어 보세요.

29

목표 달성을 방해하는 '드림킬러' 대처 방법

엄청난 목표를 설정해 보았습니까? 어떤 기분이 듭니까? 두근 두근 거리고 즐거우신 분들은 꿈을 이루기 위해서 구체적인 행동계획을 세워 보세요. 상상하지도 못한 엄청난 목표를 설정했는데, 왠지 기분이 침울해 지는 분도 있으리라 생각합니다. 그 이유 중 하나가 '드림 킬러'의 존재입니다. 드림 킬러란, '꿈을 방해하는 사람'입니다.

예를 들어, 당신이 '창업을 하겠다'고 생각했을 때에, '네가 제대로 할 수 있겠니?'하고 친한 사람에게 들었던 적은 없습니까? 가족이나 오랜 친구 등 가까운 사람일수록 드림킬러가 되기 쉬운 경향이 있습니다. 드림킬러는 당신이 미워서나 싫어서 그렇게 하는 경우는 무척 드뭅니다. 오히려, 당신을 마음 깊이 걱정하고 있기 때문에 꿈을 방해하려고 하는 것입니다. 저의 경험에서 이야기하자면, 수년 전의 남편이 그랬습니다. 뭔가 새로운 것을 하려고만 하면 반드시 저의 행동과는 정반대의 안을 제안해 옵니다. 그럴 때마다 제 기분은 침울해지고 에너지는 깎여 나가고 일의 능률도 떨어졌습니다. 남편의 입장에서 본다면 제가 예전처럼 일을 너무 많이 해서 우울증이 되면 안되는데 하는 걱정이 있었을 겁니다. 하지만, 그 당시 저는 '이미 그것은 과거의 일! 지금은 그 당시 일을 경험으로 해서 앞으로 나아간다!'라는 생각이 강했기 때문에 남편으로 인해 초조해하거나 슬퍼하기도 했습니다.

지금 돌이켜 보면, 왜 남편이 그렇게 걱정했었는지, 왜 내가 그렇게까지 남편의 말에 반응했는지를 알 수 있습니다. 그것은 제 자신 속에 드림킬러가 있었고, 저 자신도 어딘가에서 스스로를 부정하고 있었기 때문입니다. 타인도 물론이지만 자신이 스스로의 드림킬러가 되었을 때가 가장 큰 상처를 받게 됩니다. 왜냐하면 365일 24시간 내내 줄곧 부정적인 말을 스스로에게 던지기 때문입니다.

그럼, 지금부터 자신을 포함한 드림킬러에 대한 대처방법을 말씀 드리겠습니다.

1. 자신이 정한 목표에 대해 달성하지 못한다고 생각하는 이유나 부정되어지는 이유 5가지를 적습니다. 즉, '예상되는 반론'을 상정해 봅니다.
2. '예상되는 반론' 하나 하나에 대해 '예상되는 반론의 반론'을 적습니다.

'예상되는 반론의 반론'까지 전부 총 25가지 입니다.

'창업해서 월수입 500만원을 벌겠다'는 목표에 대한 반론은 뭘까요? '경험이 부족해서 제대로 못 할거야', '방법을 모르니까 무리야' 등 5가지를 적어 봅니다. 다음에 '경험이 부족해서 제대로 못 할거야'에 대해서 '월수입 1,000만원인 사람에게 배운다', '결과물을 내고 있는 창업 스쿨에 들어가서 동료들과 함께 노력한다' 등 5가지를 적어 봅니다. 모두 합해 25개의 '예상되는 반론의 반론'을 적어 내는 것으로 당신의 목표에 대한 결의는 단단해 집니다.

저는 당시에 남편과 말싸움으로 낙담하거나 슬픈 기분에 빠져 있을 때, 종종 이와 같은 훈련을 했습니다. '예상되는 반론의 반론'을 생각해서 적는 것만으로, 다른 사람들보다도 월등하게 '앞을 내다보고 시대의 흐름을 읽는 눈을 갖게 된다'는 점을 알아차리고 그것이 힘든 일을 극복해내는 원동력이 되었습니다. '예상되는 반론의 반론'이 명확해지면 목표로 전진할 수 있는 파워가 가속됩니다.

드림킬러는 자기도 모르는 사이에 자기 자신 안에 파고들어 있기 때문에, 설령 주변에 반대하는 사람이 없다고 하더라도 반드시 이 훈련을 해 두는 것을 추천합니다.

30

성공하는 사람은
'시간의 마법'을 사용하여
풍요롭게 된다

앞에서 성공한 사람들의 '시간을 대하는 방법'에 대해서 조금 전해드렸습니다만, 여기에서는 보다 구체적으로 설명해 보겠습니다. 성공한 사람이 시간을 대하는 방법과 성공하지 못한 사람이 시간을 대하는 방법은 놀랄 정도로 '정반대'입니다. 일반적으로 시간은 과거에서 미래로 흐르고 있다고 생각하지만, 성공한 사람들은 미래로부터 지금의 현재로 그리고 과거로 시간이 흐르고 있다고 생각합니다.

'도대체 무슨 소리야?'하고 생각해도 괜찮습니다. 지금부터 자세히 설명해 보겠습니다. 일반적으로는 '과거부터 쌓아온 것이 지금 여기에 결과로 나타났다'고 인식합니다. 예를 들어서 '이런 부모님 아래에서 자랐기 때문에 나는 소극적인 성격이 되었다'와 같이, 과거로부터 미래에 시간이 흐르고 있다고 대하는 방식입니다.

하지만, 이와 같이 '과거로부터 쌓아 올라온 결과가 지금 현재다'라고 시간을 대하게 되면, 어떤 큰 실패를 겪었을 경우에 우리들은 어떻게 해야 좋을지 알 수 없게 되고 머리가 백지장이 되거나 사고정지 상태에 빠지게 됩니다. 왜냐하면 원인이 과거에 있는데 '과거로 되돌아가서 과거를 바꿀 수가 없기' 때문입니다.

정말로 우리들은 과거를 바꿀 수 없는 것일까요? 아니요. 절대로 그렇지 않습니다. 실은, '과거는 바꿀 수 있는 것입니다.' 정말로 중요한 것이기 때문에 한 번 더 말합니다. '우리들은 과거를 바꿀 수 있습니다.' 깜짝 놀랄 일이죠? 자 어떻게 가능할까요?

시간의 마법을 사용해서 풍요롭게 되는 힌트가 바로 이 '시간을 대하는 방법'에 있습니다. 우리들은 과거로 돌아가지는 못하지만, 시간을 대하는 방법은 바꿀 수 있습니다. 시간을 대하는 방법을 바꾸면 어떤 일이 일어날까요?

　예를 들어, 당신이 누군가에게 사기를 당해서 3억 원의 빚을 졌다고 합시다. 과거에서 미래로의 시간축으로 생각하면 앞이 보이지 않고 아무것도 할 수 없게 되죠. 사기를 당한 과거의 장면으로 돌아갈 수 없기 때문에 대응방안도 없이 두 손 두 발 다 들게 되는 상황입니다.

　여기에서 시간을 대하는 방법을 바꿔 보겠습니다. 그렇습니다. '시간은 미래로부터 과거로 흐른다'고 인식하는 것입니다.

　시간축을 미래로부터 과거로 흐르게 하기 위해서는 우선 '사기를 당해 3억 원의 빚이 생겼다.'라는 사실을 있는 그대로 받아들입니다. 너무나 큰 사건이기 때문에 바로 있는 그대로 받아들이기 어려울 수도 있습니다. 그런 때에는 자애심 훈련을 몇 번이고 실천하면서 가능한 한 지금 이 순간에 의식을 집중하는 트레이닝을 하고 인지의 뒤틀림을 없앱니다. 뒤틀림이 없어지고 사실을 있는 그대로 받아들였다면, 지금부터 '5년 뒤의 나는 어떻게 되어 있을까?'하고 생각 해 봅니다. 바로 이것이 시간의 흐름을 미래로부터 과거로 대하는 사고입니다.

　예를 들어, '5년 후에는 빚을 모두 갚고, 연 매출 100억 회사의 사장이 될거야!'라는 목표가 생겼다면, 우선은 목표의 스토리를

'임장감' 가득 묘사합니다. 그리고 엄청난 목표를 조금씩 지금 현재와 맞추면서 단계별 목표를 설정합니다. 그런 뒤에는 엄청난 목표와 단계별 목표를 달성하기 위해 뇌가 캐치해 내는 정보를 받아들이고 할 수 있는 것부터 행동을 하면 그만입니다.

성공한 사람은 이런 방식으로 시간축을 자유자재로 사용하여 '큰 사기를 당해 빚이 생긴 어두운 과거'를 '100억 회사를 만드는 계기가 된 고마운 과거'로 변화시킵니다. 이와 같이 시간의 마법을 사용하면 보다 풍요롭고 보다 행복한 인생을 보낼 수 있게 됩니다.

31

본능을 내편으로 만드는
'행복한 부자'가
살아가는 방식

어떤 사람이 '나는 이렇게 생각해. 이러이러한 생각이야.'라고 말하면, '나도 같은 생각이야'라는 식으로 공감하는 사람이 나타납니다. 목표를 내걸면 이에 공감하는 사람이 나타납니다. 목표를 내건 사람을 더 알고 싶다. 그 사람과 이어지고 싶은 욕구를 막을 수는 없습니다. 그것은 뇌가 '하고 싶다', '더 알고 싶다', 그리고 '동료가 되고 싶다'라는 본능을 갖고 있기 때문입니다. 이러한 뇌의 신경세포 3가지의 본능에 의해 사람과 사람은 이어지고 커뮤니티를 형성하게 됩니다.

제가 '이런 비즈니스를 해서 이렇게 사회와 사람들에게 도움이 되고 싶다'라고 이야기하면 반드시 저와 같은 생각을 하는 사람이 나타납니다. 그 결과, 커뮤니티가 번영하고 거기에서 다양한 비즈니스가 생겨납니다.

이러한 현상이 '싱크로니시티'입니다. 당신이 마음속 깊은 곳에서부터 갈망하는 진정한 목표를 내걸면 뇌는 '지금 무엇이 가장 중요한가'를 헤아려서 당신이 꿈을 이루기 위해 필요한 정보를 계속해서 수집하게 됩니다. 진정한 목표를 내걸기 위해서 가장 중요한 것은 높은 '자애심'입니다. 자애심을 갖추고 있으면 '하고 싶다', '더 알고 싶다', '동료가 되고 싶다'라는 본능을 사용하여 필요한 정보나 인연을 필요한 타이밍에서 끌어오게 됩니다.

본능에 이끌려 모아진 커뮤니티에서는 진정한 자신을 찾게 되는 사람이 속출합니다. 특히 여성의 경우, 지금까지 '누구의 아내'나 '누구의 엄마'였던 분들은 자신을 표현할 기회가 적었고 남편이나 자식을 우선하여 살아왔습니다. 커뮤니티에서 많은 동료가 생기고 서로 공감하고 차이를 인정하는 사이에 자신의 진정한 바램을 찾아냅니다. 본인이 무엇을 좋아하는지도 몰랐던 사람이 좋아하는 일로 창업하는 사례도 있고, 직장 내 인간관계가 불편했던 사람이 자신의 생각을 제대로 전달하면서 관계가 좋아지는 경우도 있습니다.

이와 같이, 같은 목표를 갖는 사람들이 모인 커뮤니티는 '싱크로니시티'가 또 다른 '싱크로니시티'를 일으켜 행복의 연쇄작용이 넓어지게 됩니다.

우리들은 '동료'가 있는 것으로 진화나 성장의 속도를 높일 수 있습니다. 홀로 여러 가지 생각만 하고 있어서는 절대로 본인 사고의 틀 밖으로 나갈 수 없습니다. 하지만, 무슨 말을 해도 괜찮은 안심하고 안전한 장소에서 목표를 같이 하는 동료와 있으면 놀랄 정도로 간단하게 즐거운 변화가 일어납니다.

'마인드 풀니스 명상'에는 스스로에게 다정함을 의식하면서, 타인을 포함한 살아 있는 모든 것 전부의 행복을 염원하는 '자애의 명상'이 있습니다. 최초에는 '내 삶이 행복할 수 있도록'하고 마음 속으로 반복합니다. 다음에는 타인의 행복을 빌어줍니다. 신세를 졌던 사람이나 친한 사람, 좋아하지도 싫어하지도 않는 사람, 그리고 나서는 내가 싫어하는 사람, 나를 싫어하는 사람, 이에 더하여 모든 살아 있는 것의 행복을 기원합니다. 이 명상을 반복해서 하다 보면 본인과 타인에 대한 배려, 타인에 대한 공감대가 높아지고 인간관계가 자연스럽게 개선되어 가는 것이 느껴집니다.

마음으로부터 바라는 목표를 같이 해 나갈 수 있는 동료가 있다면 인생은 보다 행복해 집니다. 중요한 정보도 행복한 돈도 모두 '사람'이 가져오는 것이거든요. 인연이 이어져서 만난 사람들과 서로의 차이를 인정해 가면서 진화해 가는 것이 본능조차 응원하는 행복한 부자들이 살아가는 방식입니다.

32

행복한 '싱크로'가
연속해서 일어나는
'감정의 마법사'가
되는 방법

'하고 싶다. 더 알고 싶다. 동료가 되고 싶다'는 뇌 신경세포의 본능은 '싱크로니시티'를 일으킵니다. 여기에서는 또 다른 관점인 '감정'으로부터 '싱크로니시티'를 일으키는 방법을 말씀 드리겠습니다.

하버드 의과대학의 '니콜라스 크리스타키스(Nicholas Christakis)'와 캘리포니아 주립대학의 '제임스 파울러(James Fowler)'는 공동 연구에서 『감정은 전염된다』라는 결과를 발표하였습니다. 예를 들어, 낯 모르는 갓난아이의 웃는 얼굴을 보면서 자신도 모르게 미소를 띄는 경험을 대부분 하셨을 거라 생각합니다. 감정은 아닙니다만, 누군가 하품을 하는 것을 보고 자신도 똑같이 하품을 하는 경우도 있지요. 이것들은 뇌의 '거울 뉴런(Mirror Neuron)'이라는 기능이 작동해서 일어나는 현상입니다.

그 외에, 타인의 기분이 자신에게 감정 이입되어 덩달아 따라 우는 경험도 한번 정도는 경험하셨다고 생각합니다. 어느 대규모 사회적 실험에 의하면, 사람의 행복도는 자신으로부터 3번째 사람한테까지 영향을 주는 것을 알게 되었습니다. 당신에게 친구 A씨가 있고, A씨에게는 친구 B씨가 있습니다. 당신과 B씨는 전혀 모르는 사람입니다. B씨가 행복을 느끼고 있다면 B씨의 행복이 A씨에게 전염되고, A씨의 친구인 당신의 행복도도 높아지게 됩니다. 또한 행복의 전염은 '행복하지 않은 사람'에게도 영향을 미쳐서 행복한 사람에게 둘러싸여 있는 사람은 장차 자신도 행복하게 되는 경향이 높아지는 것도 판명되었습니다.

물론, 행복 뿐만 아니라 불안이나 짜증과 같은 부정적인 감정도 전염됩니다. 예를 들어, 초조해하는 사람을 보면 자신도 초조함을 느끼거나, 불안과 걱정으로 가득한 사람이 옆에 있으면 자신도 왠지 불안하게 되기도 합니다. 또 다른 연구에서는 스트레스를 느끼는 사람을 보는 것만으로도 스트레스 호르몬인 코티솔 레벨이 높아지는 결과도 있습니다.

특히, 부정적인 감정 전염은 영향력이 강력합니다. 학교나 직장에서 한 사람이 방출한 부정적인 한마디는 순식간에 많은 사람에게 영향을 주어 그 장소 전체가 서먹서먹하고 어색한 공기가 감도는 경우가 있습니다. 우리들의 말과 행동은 상상 이상으로 주변에 막대한 영향을 주고 있습니다. 그렇다면 주변을 위해서도 우리 자신을 위해서도 우리들 한 사람 한 사람이 항상 행복한 감정으로 지내는 것이 대단히 중요합니다. 그렇게 하기 위하여 꼭 명상을 지속하는 것을 추천합니다.

명상으로 뇌와 마음을 일단 진정시키고 지금 바로 이순간에 의식을 기울입니다.

화가 나거나 슬픈 일이 있어도 명상을 하게 되면 감정을 감정 자체로 별개의 것으로 관리할 수 있습니다.

'수딩터치'에서 말씀 드린 것처럼, 감정을 일단 끄집어 내어 이름을 붙이는 것으로 자신을 '부감'하여 관찰할 수 있습니다. 노여움을 분리하여 '앵그리버드'라고 이름 붙여 보는 것은 자신의 감정을 조절하는데 아주 유효합니다. 감정적이 되는 시간이 짧아지고 그 횟수도 적어지는 것은 또 다른 각도로 본다면 행복한 기분으로 있는 시간이 인생 전반적으로 증가한다는 의미입니다.

당신이 항상 행복한 기분으로 있다면 그 행복함은 전염되어 주변에 행복한 사람이 모여들게 됩니다. 그렇게 되면 자연스럽게 모든 게 잘 되고 행복한 돈이 들어오게 될 겁니다.

행복한 돈을 벌기 위해서는 감정 조절을 가능하게 하는 명상이나 자애심 훈련을 매일 계속하십시오. 감정을 잘 사용하게 되면 당신과 당신 주변에 셀 수 없이 풍부한 '싱크로니시티'가 일어나게 됩니다.

행복 체험담 1

항상 끼고 살았던 두통약이 필요 없게 되었습니다!

명상을 시작하고 나서는 그 동안 항상 끼고 살았던 두통약이 필요 없게 되었습니다. 공부하는 사이에, 느끼는 바가 있어서 증오나 불행에서 해방되었습니다. '자애심 기르기'를 지속하면서 스스로에게 변화를 느끼게 되었습니다. 그 변화는 정말 대단했습니다. '나만 불행하다!'라고 생각했던 제가, 지금은 '나는 행복해'하고 생각하면서 잘 지내고 있습니다.

어느 사이엔가 용서하고 있었습니다.

명상을 하면서 상대방에 대한 자세가 자연스럽게 변화되어 상대방의 의견을 수용할 수 있게 되었습니다. 또한 자애심 훈련을 하면서 타인도 자신도 책망하는 일이 줄었습니다. 도저히 용서할 수 없거나 우연한 순간 부글부글 끓어오르는 화를 어느 사이엔가 용서하고 있었습니다.

우치야마 이즈미씨

제5장

돈의 심리학 레슨 '풍요로운 인간관계를 만들자'

33

당신의 마음이
당신의 세상을 만든다.

사람들의 고민 중 90%가 인간관계라고 하지만, 인간관계를 풍요롭게 하기 위해서는 가족, 파트너십, 일, 금전 등 인생 대부분을 풍요롭게 만드는 것과 반드시 연결됩니다. 여기에서는 인간관계를 풍요롭게 하기 위한 7가지 과정을 소개하겠습니다. 한 계단 한 계단 스텝을 밟아 올라감에 따라 삶의 고통에서 해방되고 자유롭고 풍요롭게 되는 걸 체감할 수 있다고 생각합니다.

1. 사물에 대한 견해와 태도 - 인생을 바꾸는 첫걸음 -

사물에 대해 올바른 견해와 태도를 갖게 되면 당신의 인생은 지금부터 어떤 난관이 일어나도 반드시 풍요롭고 행복하게 됩니다. 인생에서 가장 파워풀하고 가장 중요한 능력의 한 가지입니다. 지금, 눈앞에 벌어지고 있는 현실을 어떻게 볼 것인가, 어떻게 받아들일 것인가로 '당신이 인생에서 체험하는 것이 결정'됩니다.

혹시, 지금의 인생이 원래 바랬던 것과는 달라서 어떻게 해서든 그 상태에서 빠져나가고 싶어한다면 지금 당신에게 일어나고 있는 현상에 대한 태도를 바꿔보십시오. 사물에 대한 견해와 태도를 바꾸면, 우선 당신의 감정이 변하고 언어가 바뀝니다. 그리고 감정이나 언어가 변하면 행동이 바뀌고 자연스럽게 인생도 바뀝니다.

그렇다면, 사물에 대해 어떠한 견해와 태도를 갖추면 풍요롭고 행복한 인생이 될 수 있을까요? 사실은, 사물에 대한 올바른 견해와 태도를 갖추기 위해서 필요한 능력이 한 가지 있습니다.

그 능력은 '상황을 긍정적으로 다시 파악하는 힘'입니다. 예상 외의 부정적인 일이 일어났을 때에도 '상황을 긍정적으로 다시 파악하는 힘'만 갖고 있으면 감정의 흔들림 없이 위기를 기회로 바꿀 수 있습니다.

'우리들은 마음으로 자신만의 세계를 만들어 낸다'
이 말은 불교의 법구경에 나오는 말입니다.

저는 세미나에서 다음과 같은 두 가지 질문을 자주 합니다.
"어떤 게 문제라고 생각하십니까?"
"그렇게 생각하는 문제를 다르게 바라볼 수 있습니까?"
안심하고 안전한 커뮤니티 속에서 동료들과 함께 느낀 점을 같이 이야기 하고 있으면 한 가지 사건에도 참 다양한 견해가 있다는 것을 알게 됩니다. 스스로는 결점이라고 생각하고 있던 부분을 다른 사람들에게 칭찬받거나, 고민이라고 생각했던 것이 타인에게는 부러운 일이 되는 경우도 있습니다. 지금까지 했던 깊은 고민들이 얼마나 자신을 꽁꽁 옭아매고 있었는지 깨닫게 되고, 문제였다고 생각 했던 것이 아무 문제도 아니게 되는 일도 자주 있습니다.

이것을 심리학에서 말하는 '리플레이밍'이라고 합니다. 어떤 사건에 대한 체험으로 생긴 견해와 태도를 '프레임'이라고 하는데, '프레임'을 바꾸는 것을 '리플레이밍'이라 하며, 이와 같이 견해와 태도를 바꾸는 것만으로 실제 발생한 일에 다른 의미를 부여하는 것을 이야기합니다. 예를 들어, 스스로를 '급한 성격'이라고 생각해도, 남들에게는 '용감해서 무슨 일이든 적극적으로 부딪히는 사람'으로 보이기도 합니다. 아이가 '산만하고 어수선하다'라고 생각해도, 남들은 '호기심 왕성', '도전정신이 좋다'고 보기도 합니다.

사물에 대한 태도는 한 가지만이 아닙니다. 타인들의 이야기를 통해 다양한 견해와 태도가 있다는 걸 알게 되면 시야가 넓어집니다. 인간관계를 풍요롭게 하기 위해서 가장 먼저 해야 할 일은 사물에 대한 태도를 플랫하게 만드는 것입니다.

자신이 보고 있는 세상은 스스로가 만들어 낸 세상입니다. 태도가 바뀌면 당신은 다른 세상을 살아가게 될 것입니다.

34

모든 것을 받아들이기

2. 겸손함 - 우리들 모두는 불완전하다 -

사물에 대한 태도가 중립적으로 되었다면 그 다음은 '겸손함'입니다. 여기에서 꼭 확인해 두고 싶은 것은, 겸손함이란 자신을 낮추는 것도 남을 높이는 것도 아니라는 것입니다. 자신을 비하하거나 자신을 낮춰서 꾹 참는다거나 하는 것도 아닙니다. '겸손함'의 진정한 의미는 '인간은 모두 불완전해서 결점이 있다는 것을 안다'라는 것입니다.

타인이 실패했을 때에 '그럴 수도 있지요'하고 생각하는 사람은 많습니다. 하지만, 자기가 실패했을 때에 '나는 역시 안돼'하고 스스로를 책망하는 경우도 많지요. 자기가 실패했을 때에도 '그럴 수도 있지'하고 스스로에게 부드럽고 따뜻한 말을 해주세요. 완벽한 인간이란 어디에도 존재하지 않습니다. 그것을 깨닫지 못하면 자신뿐만 아니라 타인에게도 엄격하게 되어 안절부절 못하거나 화를 내게 됩니다.

겸손하면 자신은 물론 타인에게도 비판적인 기분이 사라지면서 인간관계가 좋아집니다. 부정적인 셀프 토킹이 줄어들면 스트레스도 낮아져 능동적인 사람이 됩니다. '겸손'의 진정한 의미를 알게 되면, 자신에게도 타인에게도 따뜻하게 대할 수 있게 되어 심신이 균형 잡힌 풍요로운 인간관계가 형성됩니다.

3. 유머(Humor) - 실패를 웃음으로 승화시킨다 -

세 번째는 '유머'입니다. 재미난 이야기로 사람을 웃기는 것만이 유머가 아닙니다. 사실 유머는 겸손함과 관계가 있어서, 자신의 실수나 심각한 문제를 전혀 심각하지 않게 웃음으로 승화시키는 것입니다. 자신과 타인의 불완전함을 받아들이지 못한다면 자신에게도 타인에게도 화가 나서, 가볍게 웃어 넘기는 일은 불가능합니다.

자신도 타인도 책망하지 않고 실수나 문제를 웃음으로 승화시킨다는 것은, 모든 사람에 대한 따뜻함과 어떠한 상황도 받아들이는 넓은 마음을 갖고 있기 때문입니다. 그런 '유머'를 갖춘 당신에게는 풍요로움이 흘러 들어올 것입니다.

4. 수용 - 불완전함도 실패도 받아들이기 -

사물에 대한 견해와 태도를 유연하게 바꿀 수 있고, 겸손한 자세를 갖고 실패와 문제를 웃음으로 승화시킬 수 있게 되었습니다. 그렇게 하면 결국 '수용'에 도달하게 됩니다.

'수용'은 실패나 포기가 아닙니다. '수용'이란, 인간의 불완전함, 인생의 아픔과 기쁨 등 모든 것을 받아들이는 것입니다. 그릇이 넓고 큰 사람은 언제나 사람들에게 따뜻하고 온화하며 어떠한 때에도 평상심을 유지하고 무슨 일이 일어나도 감정적이 되거나 화를 분출하지 않습니다.

평상심이란, 긍정적인 부분만을 보고 있는 것이 아니라 부정적인 면도 제대로 인식하고 있는 마음이 평정한 상태입니다. 자신에게 결점이 있더라도 자신을 질책하지 않으며, '나도 이런 결점이 있구나'하고 객관적으로 스스로를 볼 수 있는 것입니다.

또한, 누군가의 기대에 부응하거나 누군가의 바램을 이루어 주는 목표를 설정하거나 하지 않습니다. 진정한 의미로 자신이 원하는 것을 하고자 합니다.

　사람들에게 따뜻하고 온화하며 어떠한 때에도 평상심을 유지한다. 이렇게 쓰고 보니 '완벽한 인간'처럼 생각되지만, 자신의 불완전함을 수용하는 것이야말로 명상에서 도달해야 할 목표입니다. 스스로 완벽을 추구하는 사람은 타인에게도 완벽함을 요구하며, 실패를 비판하고 감정을 노출합니다. 그 정반대가 '수용'입니다.
　수용이란, '자신에게 무슨 일이 일어나더라도 전부 받아들일 수 있는 능력'입니다.

35

'용서'는 자신을 지키고,
풍요롭게 만들기 위한
행복의 메소드

5. 용서 - 용서 할 수 없는 사람을 용서하기 -

'용서'란, 누군가에게 당한 상처를 잊어버리는 것이 아닙니다. 상대방한테 당한 채로 있는 것도 아니며 또다시 상처받는 것을 가만히 참고 있는 것도 아닙니다. 당신이 누군가에게 심한 상처를 받았습니다. 그리고, 그 일로 인해 당신은 평생 그 사람에게 분노를 갖게 되었다고 합시다. 이 상황에서 반드시 생각할 것이 있습니다. 이 분노로 가장 피해를 입는 것은 도대체 누구입니까? 그렇습니다. 그것은 말할 나위 없이 당신 자신입니다. 더욱 비참한 것은, 당신이 얼마만큼 분노했는지가 상대방한테는 아무 영향도 없다는 것입니다.

제가 10세에 성폭행을 당한 과거가 있었다는 것은 앞에서 말씀 드렸습니다. 그로 인해 긴 시간 동안 범인에 대한 증오와 분노를 갖고 살았습니다. 결국, 범인을 찾지 못했기 때문에 저는 어디의 누군지도 모르는 사람을 상대로 30여 년 이상이나 울분을 토하며 살았습니다. 그리고, 그 30여 년 동안 저는 원인불명의 심신질환으로 고생하였습니다. '수장족저농포증'에 걸려서 농포가 손바닥과 발바닥에 넓게 발생하여 물건을 잡을 수도 없을 정도로 심하게 아팠던 적도 자주 있었습니다. 원인불명의 간염도 있었고, 갑자기 얼굴 아래쪽에 심한 농포가 생겨서 두꺼운 화장을 하지 않고서는 사람들 앞에 나타나기도 어려웠던 일이 2년이나 지속된 적도 있었습니다.

어렸을 때에는 신체와 마음이 연결되어 있다는 개념이 전혀 없었습니다만, 뇌와 마음을 공부해 가면서, 자신이 갖는 감정이나 생각이 얼마만큼 신체에 큰 영향을 주는가를 알게 되었습니다. 그것과 동시에 진정한 의미의 '용서'의 중요함도 깨달았습니다. 용서란, '순간적으로 분출되는 분노와 슬픔에 반응하여 자신과 타인을 상처 주는 일을 그만 두는 것'을 의미합니다. 우리들은 올바른 뇌와 마음의 사용방법을 배우면서 부정한 행위에 의연한 태도를 갖게 되고 분노와 슬픔에 의지하지 않으며 평상심을 유지할 수 있게 됩니다.

15년 전의 저는 '과거로 거슬러 올라가, 예전의 일을 청산하지 않고서는 아무 위로도 행복도 없다'는 생각에 함몰되어 있었습니다. 그래서, 유년기로 거슬러 올라가는 '이너 차일드 테라피(Inner Child Therapy)'를 몇 번이고 받았습니다. 하지만 그럴 때마다 제 몸과 마음은 너무 큰 상처를 반복적으로 받아서 피폐해져 갔습니다. 얼굴 아랫부분이 농포로 짓물러진 것도 그 시기입니다. '나에게 필요했던 것은, 기억하고 싶지 않은 과거로 돌아가 그 장면을 치유 받고 싶은 것이 아니다'라는 것을 이제는 알 거 같습니다. 저에게 필요했던 것은 '진정한 용서의 의미'와 그저 '자신의 감정을 있는 그대로 받아 들이는 평정심'이었습니다.

'신성한 용서의 의미'를 알게 된 저는, 분노의 지주로부디 원전히 해방되었습니다. 그 결정적인 계기는, 범죄심리를 공부할 때

선생님으로부터 들었던 '성범죄자는 유소년기에 따돌림을 경험한 사례가 많다'는 말이었습니다. '나에게 그런 일을 저질렀던 범인도 그랬을지도 모른다'는 생각에 도달했을 때, 제 마음속에서 지금까지 악마 같은 존재였던 범인이 나와 똑 같은 한 사람의 인간으로 느껴지게 되었습니다. 그리고, '어느 누구도 가해자나 피해자가 되는 게 아닌, 태어나줘서 고맙다 라고 말할 수 있는 사회를 만들고 싶다'고 강하게 생각했습니다.

  제가 지금 열정을 갖고 일에 매진하는 원동력이 바로 여기에 있습니다. 과거는 상관없습니다. 모든 풍요로움은 올바른 인지와 마음 깊은 곳에서부터 열망하는 목표로 만들어집니다.

36

'용서하기' 훈련

당신에게 혹시 도저히 용서할 수 없는 사람이 있다면, 이 '용서하기' 훈련을 꼭 해 보세요. 사람을 용서하지 못해서 가장 괴로워할 당신의 마음이 조금이라도 편안하게 되는 것을 기원합니다.

펜과 메모지를 눈 앞에 준비합니다.

1. 마음이 가장 편안해 지는 곳에 앉아서 눈을 감고 호흡에 의식을 2~3분간 집중합니다.
2. 아무리 해도 떨쳐낼 수 없는 기억과 도저히 용서할 수 없는 기억이 있는지를 생각해 봅니다.
3. 만약 있다면, 그 과거를 붙잡고 있을 때 나한테 좋은 것이 뭔지를 생각해 봅니다.
4. 생각난 것이 있다면 눈을 뜨고, 어떤 판단도 없이 그대로 종이에 써 내려 갑니다.
5. 다 썼다면, 전체 글을 한번 읽어보고 '이것이 나한테 도움이 될까?'하고 생각해 봅니다.
6. 다시 한번 눈을 감고, 엄청나게 많은 수의 풍선을 양손 가득 잡고 있는 자신을 상상해 봅니다.
7. 과거의 나쁜 추억과 기억, 그 당시의 감정과 생각들이 풍선에 점점 빨려 들어가는 것을 상상해 봅니다.
8. 상상 속에서, 풍선을 잡고 있는 손을 놓을 수 있겠습니까? 한번 해 보고, 놓을 수 있다면 놓아버립니다.

9. 만약 놓아버렸다면, 손에서 떨어져 나가 하늘 높이 날아가서 점차 안보이게 되는 풍선을 끝까지 바라봅니다. (놓을 수 없는 경우에는 그대로 손에 잡고 있어 주세요)
10. 풍선이 보이지 않게 될 때까지 배웅하고 (또는 손에 잡고 있는 풍선을 보면서) 호흡을 편하게 반복합니다.
11. 훈련을 끝내고, 가슴속에서 솟아 오른 감정과 생각을 메모지에 써 봅니다.

<'용서하기' 훈련의 포인트>
- '풍선을 놓는다, 놓지 못 한다'에 집착하지 않기
- 풍선을 놓지 못하더라도 그 상황을 있는 그대로 받아들이기
- 놓지 못하고 나쁜 기분이 계속 될 경우에는 '자애심 기르기' 훈련을 한다

'용서하기(놓아버림)' 훈련을 해본 뒤에 또는 이 훈련을 통해 놓아버리기가 일어난 뒤에, 자신의 셀프 토킹과 사고에 무슨 변화가 있는지를 일주일 정도 관찰합니다.

행복한 부자가 되는 마음의 자세 | 제5장

37

감사와 이타심

6. 감사 - 심신이 건강하게 되는 감사하는 마음 -

뇌 과학 연구에 의하면, 사람은 어떤 한마디 말을 하는 것만으로도 뇌가 활성화되는 것이 알려졌습니다. 그 한마디는 바로 '감사합니다'입니다. 감사하는 마음을 전하는 '감사합니다'라는 단 한마디가 뇌에 좋은 영향을 주게 됩니다. '감사합니다'라는 생각이 세로토닌, 도파민, 옥시토신 등 대표적인 행복호르몬을 증가시키는 것으로 알려져 있습니다.

'감사를 자주 사용하는 사람은 그렇지 않은 사람보다 오래 산다'라는 연구결과도 나와 있습니다. 감사가 습관처럼 되어 있는 사람은 그렇지 않은 사람과 비교해서 행복도가 높다고 합니다. 또한, 평소에 감사하는 태도를 갖고 있는 사람은 트라우마나 힘든 고통으로부터의 회복이 그렇지 않은 사람보다 빠른 것으로 판명되었습니다. 감사의 명상으로 제가 특히 추천하는 것은 자신의 신체에 감사를 전하는 것입니다.

지금부터, 심신이 건강하게 되는 '감사하기 훈련'을 소개하겠습니다.

기분이 편안해지는 장소에 앉아서 몸을 편안하게 하고 눈을 살짝 감습니다. 눈가에 의식을 집중하고, 지금껏 인생에서 보아왔던 아름다운 것들(일출, 장대한 풍경, 사랑하는 사람의 얼굴 등)을 생각하고 '눈'에 몇 번이고 감사를 전합니다. 이것을 귀, 코, 손, 발, 심장, 그리고 신체 전반의 세포까지 행하면 감사의 마음이 신체 전반에서 넘쳐 흐릅니다. 그리고 그 생각을 지금 살고 있는 집,

우리나라, 지구, 그리고 우주까지 확장합니다.

7. 이타심 - 누군가를 배려하는 마음 -

인간관계를 풍요롭게 하기 위한 7번째 프로세스는 '이타심'입니다. 많은 사람들은 '이타' 즉, 타인을 위해 뭔가를 하는 것이 좋다는 것은 알고 있어도 실제로 행동하기는 어렵습니다. 자기 자신의 할 일 만으로도 벅차기 때문입니다. '가족들을 먼저 챙겨야 해', '남들에게 해줄 만큼 여유가 충분하지 않아'라고 생각합니다. 남들에게 해줄 수 있는 것은 물질적인 뭔가를 주는 것만은 아닙니다. 길을 걷고 있을 때, 지나치는 사람에게 '좋은 아침입니다'하고 인사하거나 미소를 띠고 가볍게 인사를 건네는 것도 상대방에게 주는 것입니다. 그것만으로도 기분이 좋게 되지요. 뇌는 타인을 배려하도록 프로그래밍 되어 있기 때문에 누군가를 신경 쓰는 것만으로도 뇌에 좋은 효과가 나타납니다. 이타적인 정신이 높은 사람은 타인과 뭔가를 교감하는 것으로 자기긍정감도 행복도도 높아집니다.

이타심은 감사의 마음과 연결되어 있는 것이 최근 밝혀졌습니다.
- 감사 - 자신이 뭔가를 체험해서 흘러 나오는 감정과 생각 = 받아 들이는 대내적 체험
- 이타심 - 자신보다 타인의 이익을 우선하는 행동 = 건네주는 대외적 체험

여기에서 중요한 것은 '받아 들이는 것으로 기뻐하는 뇌'에서 '건네주는 것으로 기뻐하는 뇌(높은 이타심)'로 상승하면 점점 풍요롭고 행복하게 되는 것입니다. 감사는 수동적인 요소가 강하지만 이타심은 이쪽에서 몇 번이고 건넬 수 있는 것이기 때문에 마음먹기에 따라 얼마든지 행복하고 풍요롭게 살아 갈 수 있습니다.

다만, 지금까지 7가지 스텝을 보면서 느끼신 것처럼 '용서'나 '감사'라는 토대가 있어야 이타심에 이를 수 있습니다. 감사하는 마음을 갖는 것으로 사람은 타인에게 협력적이 되고 인간관계를 양호하게 할 수 있다는 연구결과도 나와 있습니다.

그런 이유로, 우선 자신의 심신을 건강하게 하는 명상을 매일 실시하고 이타심을 길러서 점점 풍요롭고 행복하게 되어 갑시다.

38

친절함의
전염이 불러온
'최고의 풍요로움'

이타심의 한 가지인 '친절함'. 한 사람에게 친절을 베풀면, 그 친절은 64명에게 영향을 준다는 연구결과가 있습니다. 지하철에서 자리를 양보하는 사람을 보고 자신도 같은 상황에서 자리를 양보하는 경험이 있지 않습니까? 자신이 친절함을 받으면 남에게도 친절함을 주고 싶어집니다. 이와 같이 친절함은 전염되는 것입니다. 본인이 남에게 친절을 베풀면 기분이 좋아지고, 남에게 친절함을 받으면 기분이 따뜻해집니다. 친절은 베풀어도 받아도 자기긍정감과 행복도가 크게 올라갑니다.

저는 세미나에서 친절함에 대해 두 가지 숙제를 내고 있습니다.
- '하루 한 번. 조그마한 것도 상관없으니 친절을 베풀어 보세요'
- '평범함을 넘는 친절을 한 달에 한 번, 뭔가 생각해 낸 것을 베풀어 보세요'

〈친절 챌린지 사례〉
매장 점원에게 '고맙습니다'하고 감사하기 / 쓰레기 줍기 / 지하철에서 자리 양보하기 / 운전 중에 옆 차에게 차선 양보하기 / 축하선물 보내기 / 긍정적인 말 건네기 / 자주 보는 사람에게 가볍게 인사하기

어떻습니까? 아주 간단한 것들이지만 우리들은 의외로 소홀히 넘어가는 경우가 많지 않습니까? 이런 사소한 것들 말고도

우리가 신경 쓰고 있는 것들이 너무 많기 때문입니다. 아주 조금만 의식하는 것으로도 친절을 베풀 수 있으니 도전 해 보십시오.

두 번째의 '평범함을 넘는 친절'로 신비로운 체험을 경험한 학생이 있어서 소개 해 볼까 합니다.

아침 산책으로 가는 공원에서 거의 매일 만나는 할아버지와 노견의 분위기가 너무 좋아서 '사진 좀 찍어도 될까요?'하고 말을 걸었습니다. 오지랖 넓지 않나 하고도 생각했지만, 세미나 숙제인 평범함을 넘는 친절까지는 아니더라도 '내가 한 번도 해본 적이 없는 것을 하자'하고 용기를 내어 말을 걸었던 것입니다. 할아버지는 핸드폰을 갖고 있지 않아서 학생의 핸드폰으로 사진을 찍어 드렸습니다. 다음날 프린트를 해서 공원에 가지고 가서 건네느니 너무 기뻐해 주셨습니다. 그러던 어느 날, 그 학생이 근무하는 우체국에 '이 사진을 찍어준 사람을 찾고 있습니다. 누군지 아시는지요?'하고 한 여성이 찾아왔습니다. 손에는 그 학생이 찍어준 할아버지와 노견의 사진이 들려 있었습니다. 그 여성에 의하면, 얼마 안 있어 노견은 하늘나라로 떠났고, '친절한 사람이 찍어줬던 이 사진이 내 마음을 지탱해 주었어. 어떻게든 이 사람을 만나서 감사하다는 한마디를 하고 싶다'고 할아버지는 공원에서 만난 그 여성에게 항상 말을 했다고 합니다. 그 이야기를 들은 여성이 주변의 우체국을 돌면서 묻고 다니다 이 학생이 있는 우체국까지 온 것이었습니다.

이 이야기에는 이것 이외에도 또 다른 우연이 있습니다. 하늘나라로 간 노견과 그녀의 애완묘 이름이 똑 같은 '우리 짱'이었습니다. 갈색에 백색반점이 새끼 멧돼지(※번역자 주 : 새끼 멧돼지를 일본어로 '우리 보우'라고 함)같아서 그렇게 이름 지었다고 합니다.

다양한 '싱크로'가 있었던 이 이야기는 금전적인 부분은 하나도 없지만, 저는 금전적인 부분을 뛰어 넘는 최고의 '싱크로니시티'라고 생각합니다. 할아버지와 노견, 우체국에서 근무하는 학생과 애완묘, 그리고 수 많은 우체국을 돌아다니면서 찾아 다녔던 여성까지. 어느 누구 하나를 빼고서는 연결되지 않는 현실에서 일어난 스토리입니다.

'아무렇지도 않은 일상이 이타심(친절)으로 풍요로운 인생으로 바뀐다'는 것을 가르쳐 준 멋진 이야기였습니다.

39

'자신을 아끼고 사랑하면
인생 전체가 풍요롭게 되는
7스텝' 정리

인간관계를 풍요롭게 만들어 주는 7가지 스텝을 전해 드렸습니다.

1. 사물에 대한 견해와 태도 : 사실을 있는 그대로 받아들이고 상황을 긍정적으로 받아들이는 힘을 기릅니다.
2. 겸손함 : 타인도 본인도 불완전하다는 것을 이해합니다.
3. 유머 : 실패나 예상 밖의 일이 일어났을 때 웃음으로 승화합니다.
4. 수용 : 인생을 있는 그대로 깨끗하게 받아들이는 관대함과 타인을 용서하는 자세를 가집니다.
5. 용서 : 분노와 슬픔이 줄어들고, 부정적인 사고로부터 벗어납니다. 분노와 슬픔 같은 것에 에너지를 사용하지 않아 피곤하지 않게 되며 행동적이 되어 도전의식이 생깁니다. 자신의 능력을 100% 발휘할 수 있습니다.
6. 감사 : 감사는 행복의 근원입니다. 자신에게도 타인에게도 긍정적인 영향을 주고, 불안이나 우울함을 경감시키면서, 보다 큰 목표를 달성하는 원동력이 됩니다.
7. 이타심 : 행복하게 되는 비밀은 '받아 들이는 것'보다 '건네 주는 것'에 행복을 느끼는 뇌에 있습니다. 감사하는 마음이 높아지면 저절로 이타의 정신도 높아집니다.

7가지 스텝은 전부 연결되어 있습니다. 풍요로운 인생을 손에 넣기 위해서는 모든 것을 있는 그대로 받아들이는 것. 자신이 맘에 들지 않더라도 다른 누군가로 변신하는 것이 지름길이지는 않습니다. 또한, 받아 들인다는 것이 뭔가를 포기해야 한다고 해도, 그것이 누군가에게 지는 것은 아닙니다. 스스로 행동력이 부족하다는 것을 받아들이면, 이로 인해 더더욱 움직이지 못하게 되는 것은 아닐까 하고 불안함을 느낄 수도 있습니다. 하지만, 지금껏 행동력이 없는 자신과 싸워서 다른 자신이 되었던 적이 있습니까?

혹시, 지금까지 수많은 노력을 했음에도 다른 내가 되지 못했다면 완전히 다른 방법에 도전할 때입니다. 우선 첫 번째 스텝인 '사물에 대한 견해와 태도'를 바꾸고, '다른 내가 되는' 노력을 멈추고, '불완전하고 결점투성이인 자기 자신을 받아들이는 것'에서부터 시작해 보세요. 자신을 있는 그대로 받아들이는 것으로 인생이 크게 바뀐 사람들을 저는 수도 없이 많이 봐왔습니다. 아무 문제 없습니다. 당신이 설침이리고 생각하는 성격이나 자질은 사실 엄청난 재능이니까요.

당신은 어떤 풍요로움을 손에 넣고 싶습니까? 저는 '결국에는 자기 자신을 깊게 이해하고, 있는 그대로를 받아들이는 것이야말로 인생에 커다란 풍요로움을 가져온다'라는 결론에 도달하였습니다. 왜냐하면, 제가 비즈니스로 돈을 벌었던 것은 '내가 나의 결점을 그대로 받아들였기' 때문입니다. 제가 창업을 한 것은 감각이 너무 예민해서 만원 지하철에 탈 수 없었던 것이 계기가 되었습니다. 모든 사람에게 아무것도 아닌 일이 저에게만큼은 아니었습니다. 저는 이렇게 부정적으로 보여지는 자신의 특성을 바꾸지 않고 살아왔습니다. 물론, 처음에는 어떻게든 고쳐보려고 노력했지만 아무리 해도 고칠 수 없었습니다.

최종적으로 저는 '있는 그대로 나를 받아들일 각오'를 다지고 그 순간 '창업'의 길을 선택했습니다. 23년 전, 여성의 창업은 쉽지 않은 길이었습니다. 당연히 어느 누구한테도 응원 받지 못했습니다. 하지만, 저를 응원해줬던 단 한 사람이 있었기에 저는 힘을 낼 수 있었는데요. 다름 아닌 '제 자신' 이었습니다. 그 당시의 저는 '자애심'이라는 말은 전혀 몰랐지만 무의식에서 자신을 아끼고 사랑하고 있었던 것입니다. 그 덕분에 저의 결점은 재능으로 바뀌었고 7가지 스텝을 알게 되면서 긴 시간 동안 저를 괴롭혔던 고통으로부터 해방되었습니다.

저는 지금부터 남은 인생을 '미래를 책임질 아이들이 재능을 마음껏 살릴 수 있는 세상을 만드는 것'에 전력을 다하려고 생각합니다. 그 첫발이 우선 성인인 여러분들에게 '자애심을 기르면 인생의 모든 것이 풍요로워진다'는 것을 알려드리는 것입니다.

 칼럼

행복 체험담 2

설마 했던 '자네 사장이 되어 주지 않겠나?'

　상사와 뜻이 맞지 않아 언쟁을 반복하는 매일의 연속. 처우도 수입도 불만족. 좋아서 시작한 일이었지만 매일 피곤의 연속이었습니다. 그런 가운데, 미도리씨의 메소드를 공부하고, 어느 날 갑자기 '자네 사장이 되어 주지 않겠나?'하는 제안을 받았습니다! 스텝들로부터의 신뢰도가 높고, 공평한 접객, 사람들을 모으는 리더십을 높게 평가 받은 것 같았습니다. 그뿐만 아니라 '사장이 되어 주지 않겠나?'는 제안에 대해, '조건이 맞는다면요'하고 아무렇지도 않게 대답한 자신에게 너무나도 깜짝 놀랐습니다.

　미도리씨처럼 생각을 바꾼 결과, 처우도 수입도 완전히 달라졌고, 게다가 사장이라는 제안까지 받게 되었습니다. 명상과 코칭 덕분에 제 인생은 크게 변화하였습니다. 이 메소드는 정말 대단합니다. 이것을 만든 미도리씨도 대단하구요. 정말 감사합니다.

아웃도어 인스트럭터 이케다 케이코씨

제6장

행복한 돈을 불러들여서

풍요롭게 살아가기

40

행복한 돈을 버는 방법,
행복한 돈을 쓰는 방법

예전의 저는 돈만 많이 벌면 행복하게 될 거라 믿고 있었습니다. 하지만, 돈은 많이 벌었어도 행복하기는커녕 불행한 날의 연속이었습니다. 너무나 바빠서 체력적으로는 죽을 것만 같았고, 종업원들의 일로 머리는 정신적 괴로움의 나날이었습니다. '나는 결국, 뭘 하고 싶었던 거지?'하고 자문자답을 해도 답을 찾을 수 없었습니다.

  돈을 벌기 전에, '돈을 벌면 그것으로 무엇을 하고 싶은지'를 명확하게 해 두는 것이 대단히 중요합니다. 돈을 번 다음 목표가 있으면 거침없이 행동하게 되고 하고 싶은 것을 향해 나아갈 수 있습니다. 저는 작은 패션샵으로 시작해서 미용실로 연 매출 20억 원까지 쉴 새 없이 달려 왔습니다. 고객들이 기뻐하는 방향은 틀리지 않았다고 생각하지만, 큰 돈만 벌어서 불행해졌다는 것을 뒤늦게 깨달았습니다. 무엇보다도 오로지 '돈'에만 집착했던 것입니다. 그러므로 결국 심신이 모두 너덜너덜해져 버리고 말았습니다. 불행한 돈 벌기의 전형적인 사례입니다.

  이 세상에는 '엄청나게 돈을 벌고 싶어'하는 사람도 있고, '많이는 필요 없고 조금만 돈을 벌고 싶다'는 사람도 있습니다. '1억을 벌고 싶다'고 하는 사람에게 '1억을 벌면 뭐 하시려구요?'하고 물어보면 '글쎄요'하고 대답하는 사람이 제법 많습니다. 만약 당신이 막연한 금액을 설정해 놓고 있다면 그 돈을 무엇에 쓰고 싶다고 하는 '임장감 있는 목표 설정'을 해 보십시오. 구체적인 금액을 산정할 수 있고 무엇보다도 목표를 위한 돈을 불러들일 수 있습니다. 이것이야말로 행복한 돈을 버는 방법입니다. 금액의 많고 적음이 아니라, 돈 다음의 행복한 미래가 있다는 것이 행복한 돈을 불러들입니다.

그렇게 하여 불러들여진 행복한 돈을 어떻게 사용할 것인가. 저는 돈을 버는 방법도 중요하지만 쓰는 방법이 훨씬 중요하다고 생각합니다. 비즈니스를 잘 하는 사람은 돈을 어떻게 쓰는지가 능숙합니다. 예를 들어, 50만원 짜리 풀코스가 있는 프렌치 레스토랑의 영업이 엄청나게 잘되고 있다면 그 매장의 쉐프나 오너는 손님들이 내는 50만원의 사용법에 대단히 능숙한 것입니다. 손님들은 50만원을 내고 그 이상의 가치를 느끼고 만족하고 있기 때문에 영업이 잘되고 있습니다. 만약, 50만원의 값어치가 없다면 가게는 망하겠죠.

특별한 날에는 '좋은 가게에 가서 맛있는 요리와 근사한 서비스를 받고 싶다'고 흔히 이야기합니다. 여기에서 주목할 것은, 요리와 서비스를 제공하는 사람들의 돈의 '사용법' 입니다. 한 사람에게 50만원을 받아서 어떤 식사 내용에 어떤 서비스를 제공하고 있는가를 잘 보면 '행복한 돈 쓰기'에 대한 힌트를 발견할 수 있습니다.

제 세미나에서는 학생들에게 여러 가지 서포트를 제공하고 있습니다. 학생들이 가치 있었다고 만족할 수 있도록 아낌없이 자기투자를 하고 있으며 매일 매일의 명상과 자애심 기르기도 게을리 하지 않고 있습니다. 수강료를 받고 그 사용을 잘 하고 있기 때문에 수강생들이 만족하고 이 비즈니스를 지속할 수 있다고 생각합니다. 이것은 자랑도 무엇도 아닙니다. 저도 이제서야 행복한 돈을 제대로 사용할 수 있게 된 것입니다.

성공한 사람은 자기투자에 과감합니다. 고가의 것을 사거나 최상급 서비스를 받거나 하면서 자신을 위해 돈을 사용합니다. 그것은 결국, 대가에 걸맞은 만족을 받을 수 있다는 것을 실감하고서는 자신도 돈을 벌었을 때에 그것을 어떻게 쓸 것인지를 공부했기 때문입니다. 돈은 버는 방법도 중요하지만 어떻게 쓸 것인지가 더욱 중요하고, 다양한 곳에서 돈을 쓰는 법을 배울 수 있습니다.

41

비즈니스로
행복한 돈을 버는 방법

비즈니스로 돈을 벌기 위해서는, 유형무형에 관계없이 뭔가 '팔 것'이 필요합니다. 제 비즈니스로 예를 들자면, 옷, 가발 등은 유형이고 세미나나 코칭 세션 등은 무형입니다. 비즈니스에서는 이와 같이 판매하는 물건이 없으면 돈이 들어오지 않습니다. 그렇다면, 판매하는 물건을 어떻게 해서 만들어 내면 좋을까요?

　　비즈니스에서는 'have to : 하지 않으면 안 된다'로 행동하면, 최초에는 기세 좋게 팔려도 조금씩 속도가 떨어지고 결국에는 지속할 수 없게 되어 끝을 보게 되는 경우가 제법 있습니다. 뇌 과학적으로도 'have to'는 동기부여가 지속하지 않는다고 알려져 있습니다. 어떤 일도 지속하지 못한다면 비즈니스는 성립하지 않습니다.

　　한편, 'want to : 하고 싶다'는 지속적으로 행동할 수 있습니다. 가장 손쉽게 알 수 있는 것으로 아이들의 전자오락게임. '하지 않으면 안 되는' 것이 아닌 '하고 싶다'이죠. 그래서, 하세요 라고 말을 듣지 않아도 자기들이 하고 싶어서 하게 되는 것입니다. 게다가, 엄마가 뭐라고 하지 않으면 하루 종일도 합니다.

　　돈을 벌고 싶다고 생각한다면, 자신의 기분을 'want to'가 되게 하는 것을 찾는 것이 첫 번째입니다. 그러한 의미로 호기심은 대단히 중요합니다. '좀 더 알고 싶다. 좀 더 하고 싶다. 어떻게 될지 궁금하다.'라고 추구하고 싶을 만큼 호기심이 있으면 돈을 벌 수 있습니다.

문제가 있다면, 그것은 'want to가 뭔지 모르겠다'는 것입니다. 창업하고 싶은 기분은 있지만 내가 뭐가 가능한지, 뭐를 하고 싶은지를 모르는 것은 왜 일까요? 그것은 자애심이 길러져 있지 않기 때문입니다. 자애심과 'want to'는 반드시 연결되어 있습니다. 자애심이 길러져 있지 않으면 뭔가에 대해서 '역시 안 되는구나', '또 실패해버렸어', '왜 이런 결과가 나왔을까?'처럼 매사에 강렬한 자기비판을 스스로에게 퍼부어서 하고 싶은 의지를 꺾어 버립니다. 24시간 365일 항상 같이 있는 '자신'에게 응원 받지 못한다면 창업과 같은 큰 도전의 한걸음을 밟는 것은 극히 힘든 일이 될 것입니다.

또한, 하기 전부터 '실패하면 어떡하지?', '실패해서 비난 받는 것이 두려워'하고 생각하면 자신이 하고 싶다는 의지보다 남들의 평가가 신경 쓰이는 불안감이 너 꺼져서 움직일 수 없게 됩니다. '너는 역시 안돼'라는 타인의 시선이 의식 깊은 곳에 자리 잡으면, 일 뿐 아니라 일상생활 속에서의 도전이나 배움에도 같은 일들이 일어납니다. 처음에는 하고 싶어서 시작하더라도, 바로 그만두게 되는 것은 남들과 비교해서 안 된다고 생각하여 아주 조금 못했을 뿐인데도 '역시 안돼' 하면서 스스로를 그런 방향으로 끌고 가고 있기 때문입니다.

다른 누군가에게 안 된다는 말을 듣지 않았는데도, 스스로 '나는 분명히 실패할 테니까 시작도 안 하는 게 좋아'하고 무의식 깊은 곳에서부터 포기합니다. 그런 상황에서 '하고 싶은 것'은 나올 수 없습니다. 하기 전부터 안 된다는 각인을 본인 스스로 찍어버리고 있기 때문입니다. 평소에 남들과 비교하고 남들의 시선을 신경 쓰는 것은 자애심이 길러져 있지 않기 때문입니다.

하지만, 괜찮습니다. 자애심을 기르면 그런 자신을 바꿀 수 있습니다. 자애심을 기르고 자신감을 갖게 되면 호기심이 샘솟고, 새로운 것을 하고 싶어지며 자연스럽게 행동하고 싶어집니다. 다양한 것들에 도전하거나 기회를 잡을 일이 많아져서 하고 싶은 것을 반드시 찾게 됩니다.

42

새로운 가치를 창조하여
풍요롭게 되는
'게슈탈트 능력'에 대하여

비즈니스로 돈을 벌기 위해 알아 두어야 할 또 다른 한 가지는 '좋아한다'는 생각만으로는 돈을 벌 수 없다는 것입니다. 당신이 비즈니스로 돈을 벌고 싶다고 생각한다면 당신이 만든 상품이나 서비스는 '어느 누군가가 안고 있는 문제를 해결하는 내용'이 포함되어 있어야 합니다. 당신의 상품이나 서비스는 '누군가의 어떤 문제를 해결해 주는 것'이 명확합니까? '좋아한다'와 '문제해결'의 한 세트는 돈을 끌어오는 비즈니스의 기본 중에 기본입니다.

'좋아한다는 생각'과 '고객의 문제해결'을 연결하는 것을 어렵다고 느끼는 분들도 많을 것입니다. 머리 속에 있는, 점과 점 사이의 정보를 연결하여 새로운 형태를 만들어 내는 힘을 '게슈탈트 능력'이라고 합니다. '게슈탈트 능력'은 우리 모두가 원래 갖고 있어서 살아가는데 필요한 능력입니다만, 앞으로의 시대는 '게슈탈트 능력'이 더욱 더 중요하다고 여겨집니다. 왜냐하면, 대량의 정보화 사회에서 살아가기 위해서는 방대한 양의 정보를 여기저기에서 융합시키고 새로운 가치를 만들어 내는 것이 필요하기 때문입니다.

'좀 더 보람이 있는 일을 하고 싶다', '좀 더 품격 높은 인생을 살고 싶다', '좀 더 자유롭고 행복해 지고 싶다', '좀 더 풍요롭게 되고 싶다', '좀 더 남을 위한 삶을 살고 싶다' 이러한 꿈이나 목표를 갖고 있는 사람은 꼭 '게슈탈트 능력'을 높여 주십시오.

'게슈탈트 능력'을 높이는 방법

- **학문을 탐구한다** : 어떠한 학문을 깊이 있게 연구하여 흩어져 있던 지식을 정리하고 통합하여 체계적으로 만드는 것은 새로운 가치를 창조합니다. 성인이 되어도 항상 뭔가를 연구, 탐구하여 지식을 쌓는 것을 추천합니다.
- **독서를 한다** : 수입과 독서량이 비례한다는 것은 잘 알려져 있는 이야기입니다. 독서를 하는 사람은 '게슈탈트 능력'이 높고, 새로운 가치창조가 가능하기 때문에 일에서 성공확률이 높습니다. 또한, 책을 읽으면 지식이 증가하면서 학문을 탐구하는 것도 되기 때문에 독서는 일석이조, 아니 일석 몇조의 값어치가 있습니다.
- **오감정보를 바꿔보는 훈련** : 음식이나 음료수의 오감정보를 서로 바꿔봅니다. 예를 들어, 커피의 '향'을 '소리'로, 마셨을 때의 '소리'를 '색'으로 바꿔봅니다. 오감정보를 바꿔보는 것으로 사물을 한 방향에서만 보지 않고 다방면으로 보는 시점을 기릅니다.
- **부감하여 사물을 관찰하는 훈련** : 눈 앞의 것과 현상을 보는 시점을 높여 갑니다. 예를 들어, '마리아쥬 프레르의 실론티 → 실론티 → 티 → 뜨거운 음료 → 음료 → 액체'와 같이 시야를 넓혀 갑니다. 사물을 추상적으로도 구체적으로도 파악하고 추상도를 높이거나 낮추는 훈련을 합니다.

자신의 역할을 깨닫는다

'게슈탈트 능력'이 높아지면 사물을 추상적인 시점으로도, 구체적인 시점으로도 볼 수 있기 때문에 새로운 발상으로 새로운 가치를 만들어 내는 사람이 될 수 있습니다. 지금은 아직 '절대로 나는 이것으로 비즈니스를 할거야'하고 정해 놓지 않아도 문제 없습니다. 이 페이지 뿐만 아니라 이 책에서 소개했던 다른 많은 훈련들도 모두 '게슈탈트 능력'을 높이는데 도움이 됩니다. 실천하면 할수록 점점 부감하여 사물을 파악하는 것이 가능하게 되어 '게슈탈트 능력'이 급격하게 향상됩니다.

당신의 재능은 무한대입니다. 어떤 분야에서 어떤 새로운 가치를 만들어 갈지, 지금부터 당신의 활약을 기대하겠습니다.

43

오늘까지의 나에게
'안녕. 그 동안 수고했어'

지금까지의 인생은 무엇을 믿고 살아 오셨습니까? 사람들은 저마다 믿고 있는 것이 있어서, 의식하지 않는다면 그 한계로부터 벗어 날 수 없습니다. 예를 들어, '인간관계는 참 복잡하다'고 믿고 있다면, 인간관계가 제대로 되지 않습니다. '인간관계는 복잡하다'는 신념은 뇌의 셀프 토킹에서 시작됩니다. '나는 사랑 받지 못하고 있어', '사람들은 나를 미워해', '사람들은 나를 이상하게 생각해'처럼 말이죠. 이런 식으로는 사람들과 밝게 접촉하는 것은 어렵습니다. 행복한 돈을 벌기 위해서는 양호한 인간관계가 되지 않으면 안됩니다. 인간관계를 좋게 만들려면 뇌의 셀프 토킹 내용을, 예를 들어서 다음과 같이 스스로 바꿀 필요가 있습니다.

'나는 매일 성장을 반복하고 있어'
'나는 부를 축적하는 지식을 매일 공부하고 있어'

하지만, 실제로 바꾸려고 하면 뭔가 술렁거리면서 차분해지지 못합니다. 부정적인 셀프 토킹을 해 왔던 사람이 갑자기 자신에게 긍정적인 말을 건네면 위화감을 느끼게 됩니다. 행동거지를 바꾸기 위해서 좋은 사람처럼 연기하는 것은 너무나도 힘든 일입니다. 그런 경우에는 역시 '자애심'을 기르는 것입니다. 자애심을 기르고 조금씩 자신감을 갖게 되면 뇌의 셀프 토킹도 거기에 잘 어울리는 말들로 바뀌게 됩니다.

'저 사람이 나를 어떻게 생각할까?'하고 생각하면 그 사람의 언동에 좌우됩니다. 그 사람에게 칭찬받으면 안심되고, 부정적인 말을 들으면 낙담합니다. 제 세미나에 오시는 분들 중에서도 남들과 비교해서 부족하면 낙담하는 분들이 제법 있지만 타인과 비교하는 것은 아무런 의미도 없습니다.

'저 사람은 되는데, 나는 안돼'하고 생각했다면 자애심을 기르는 훈련을 생각하십시오. 자신에게 따뜻하고 다정한 말을 건네고 눈 앞에 일어난 일을 있는 그대로 받아들입니다. 사실을 있는 그대로 받아들이게 되면, '저 사람은 되는데…'와 같은 발상 자체가 사라집니다. 자애심을 기른다면 자신감이 붙어서 '자, 그럼 지금부터 어떻게 할까?'하고 눈 앞의 것에 집중할 수 있습니다.

그런데 말입니다. 왜 한국이나 일본의 50, 60대 여성들은 이렇게까지 자기부정이 강한 것일까요? 아마도 그렇게 하는 편이 살아가기 쉬워서 그랬다고 생각합니다. 조금 부족한 사람, 모나지 않은 사람, 소극적인 사람이 받아들여지는 시대였습니다. 세상을 헤쳐 나가기 위해서는 받아들여지는 편이 살기 쉬웠기 때문입니다. 저는 자신에게 정직하였고, 잘 하지 못하는 사람처럼 연기하지 않았기 때문에 여러 가지 장면에서 부딪혀 왔습니다. 무엇을 하더라도 '여자인데', '여자 주제에' 하면서 호된 꾸지람을 들었습니다. 만약 그 때, '주변 사람들이 나를 어떻게 생각할까', '저 사람에게 심한 말을 들었네'하고 신경 썼다면, 저는 꼼짝할 수 없이 즐겁지 않은 인생을 보냈음에 틀림 없습니다.

이제는 시대가 급변하여, 지금까지 시대에 순응하여 살아왔던 사람들에게는 '여자 주제에'와 같은 말을 할 수 없는 세상이 되었고 조금은 살기 좋게 되었습니다. 그럼에도 불구하고 지금 인생이 즐겁지 않다면, 주변에 맞추어 사는 것을 그만둘 타이밍입니다. 더 이상 '저 사람에게 어떻게 보여질까'하고 신경 쓸 필요가 없습니다. 당신이 하고 싶은 것을 하고 싶은 만큼 할 수 있는 시대입니다.

　오늘까지의 나에게 '안녕. 그 동안 고마웠어'

44

당신의 행복은

무엇입니까?

이제는 삶의 자세, 일하는 방법을 바꿀 때가 왔습니다. 지금 세상에서는 하고 싶은 일이나 꿈을 이루기 위해서 '희생'이나 '근성'은 점점 사라져 가고 있습니다. 오히려, 그런 것들이 꿈을 이루는데 방해가 되지는 않을까요? 죽을 힘을 다해 열심히 하면 할수록 오히려 시대의 파도에 휩쓸려 버릴 수도 있습니다. 참고 견딜 수 있는 에너지가 있다면, 그 힘을 '당신의 삶을 표현하는 일'에 사용해 보지 않겠습니까? 그렇게 하면, '당신의 삶에 공감하는 사람들'이 모여들어 '싱크로니시티'가 일어나고 '삶의 자세에 공감하는 커뮤니티'가 만들어 집니다.

인생 100세 시대의 전환점에 우리들은 서 있습니다. 부모님 돌봄, 자기 자신의 건강, 정년퇴직 등 지금까지 경험한 적 없는 테마와 정면으로 맞서지 않으면 안됩니다. 게다가 코로나19를 거치면서 일도 경제도 앞을 장담할 수 없게 되었고 지금까지와는 달리 '미래의 형태'가 확실히 변해 버렸습니다. 그런데도, 당신은 지금까지 살아왔던 방식대로 삶의 자세나 생각을 이어가시겠습니까? 다른 사람의 시선을 신경 써서 남이 어떻게 생각하는지를 우선시하고 자신의 기분을 꾹꾹 누르면서 자신의 삶이 아닌 타인의 삶을 살아가시겠습니까?

제가 이 책에서 지금까지 말씀 드렸던 명상의 효과나 자애심을 기르는 방법, '싱크로니시티'를 이용한 목표설정 등은 모두 과학적으로 증명되어 있는 것들입니다. 제 자신을 구원해 줬고 우울증으로부터 회복되어 새로운 비즈니스를 성공으로 이끌어 주었습니다. 행복한 돈 뿐 아니라 행복한 라이프스타일도 가져다 주었습니다. 제 주변에도 하고 싶은 일을 발견하여 창업하거나, 직장의 인간관계가 좋아진 사람, 진정한 자신을 찾아내어 행복하게 살고 있는 분들이 가득합니다.

다음은 이제 당신 차례입니다.

당신에게 있어서 행복은 무엇입니까? 고가의 옷이나 보석을 몸에 두르고 고급 레스토랑에서 식사를 하는 것도 행복의 한 종류입니다. 하지만, 값비싼 옷을 입지 않아도 부부끼리 사이 좋게 웃고 떠드는 매일 매일에 행복을 느끼는 사람들도 있습니다. 아침에 여유롭게 드립 커피를 내리면서, 또는 녹음이 풍부한 자연 속에서 트레킹하면서 신선한 공기를 한껏 마실 때에 행복을 느끼는 경우도 있습니다.

내가 진정으로 바라는 행복은 무엇인가를 다시 한번 스스로에게 물어 보십시오. 남들의 시선을 신경 쓸 필요는 없습니다. 지금까지 부모님이나 주위로부터 기대를 받았던 것이나 SNS에서 칭송하는 행복 따위는 상관 없습니다. 당신의 행복은 오롯이 당신만의 것입니다.

당신은 '돈이 없어도 행복을 느끼고 있다면 그것으로 만족해'하고 생각하지 않습니다. 돈만 있다고 해서 행복해지지는 않지만, 행복해지기 위해서는 원하는 만큼의 돈은 반드시 필요합니다.

행복해지기 위한 목표를 설정하고 자애심을 기르면 '싱크로니시티'는 반드시 일어나게 되고 필요한 돈을 필요한 타이밍에 벌 수 있습니다. 목표를 설정하면 그 목표를 향한 과정에서 단계적으로 '싱크로니시티'가 일어납니다. 그것은 사소한 기회들로 혹시 눈치를 채지 못할 수도 있습니다. 그렇기 때문에, 자애심을 기르고 눈 앞에 있는 기회들을 움켜 잡아 꿈을 이루실 것을 진심으로 기원합니다.

 제게 있어서 불행했던 것은 돈 그 자체가 목표였다는 것입니다. 돈 다음의 행복이 없었기 때문에 돈을 벌더라도 행복해지지 못했던 것입니다.
 돈은 행복해 지기 위해 존재합니다. '싱크로니시티'는 행운이 반복되는 우연을 스스로 관리하면서 그 흐름을 타는 것입니다. '싱크로니시티'를 일으키는 것은 당신 자신입니다. 행복해지기 위한 목표를 설정하고 행복한 돈을 번다면, 당신은 즐겁고 자유롭게 자유자재로 세상에 날개를 펼치게 될 것입니다.

행복 체험담 3

작은 '싱크로'가 연속으로 일어납니다.
미도리씨에게서 코칭을 받고 나서 무의식적으로 해왔던 것을 의식하면서 하기 시작했고 스스로 그 변화를 체감했습니다. 그리고 명상에도 흥미를 갖게 되어 직접 해보니, '뇌가 개운해진다!', '머리가 팍팍 돌아간다!'고 느꼈습니다.

명상 중에 자애심을 배우고 자신을 아끼고 사랑한 결과, 자신의 감정과 자신을 분리해서 보는 것이 가능하게 되었습니다. 옳고 그름을 판단하지 않는다. 좋고 나쁨도 없이 다만 '그렇구나'하고 현상을 있는 그대로 받아들이게 되면서 마음이 아주 편안해졌으며 사람을 미워하는 일도 없어졌습니다.

작은 '싱크로'가 연속으로 일어났습니다. 가족에게도 큰 변화가 일어났는데요. 엄마도 세미나에 참가하게 되어서 지금은 아주 행복해 합니다. 자녀도 요즘에는 자주 웃고, 자기 일을 자주 이야기 해 주고 있습니다.

히가시 리코씨

| 에필로그 |

  이 책은 가정과 일을 제대로 꾸려 나가기 힘들었던 제가 자유로운 인생을 보내기 위하여, 필사적으로 정보를 모으고 구축한 '과학적 접근 프로그램'이란 뇌와 마음의 트레이닝 방법의 일부를 서적으로 만든 것입니다. 이 책을 다 읽으신 분들이라면 지금까지 제 인생에는 힘든 일도 많았다는 것을 아셨으리라 생각합니다. 하지만, 어떤 일이 있어도 자신을 아끼고 사랑하면서 응원을 계속한다면 반드시 행복하고 풍요로운 인생을 보낼 수 있습니다.
  다음은 당신 차례입니다.
  제가 가장 전달하고 싶은 메시지가 바로 이것입니다.

마스다 미도리

행복한 부자가 되는 마음의 자세

초판 1쇄 발행 2024년 04월 30일

지은이	마스다 미도리
옮긴이	문주현
감　수	최우성
펴낸곳	유니플라북스
출판등록	신고번호 제25100-2022-000002호
주　소	서울시 구로구 공원로 41, 418호
전　화	02-861-2132
이메일	jazzbird@hanmail.net

ISBN 979-11-978021-0-2
값 14,800원

※ 잘못된 책은 구입처에서 교환해드립니다.
※ 이 책 내용의 일부 또는 전부를 재사용하려면 반드시 사전에 저작권자와 출판권자에게 서면에 의한 동의를 얻어야 합니다.